Schröder | **Stahl** *Die deutschsprachigen*
Literaturnobelpreisträger

Lothar Schröder | Enno Stahl

Die deutschsprachigen Literaturnobelpreisträger

Von Theodor Mommsen bis Herta Müller

Droste Verlag

Bibliografische Informationen Der Deutschen Nationalbibliothek
Die Deutsche Nationalibliothek verzeichnet diese Publikation in der
Deutschen Nationalbibliografie; detaillierte bibliografische Daten
sind im Internet über http://dnb.d-nb.de abrufbar.

© 2016 Droste Verlag GmbH, Düsseldorf
Umschlaggestaltung: Guido Klütsch, Köln
Satz: Droste Verlag
Druck und Bindung: CPI – Clausen & Bosse, Leck
ISBN 987-3-7700-1585-6

www.drosteverlag.de

Inhalt

Vorwort

von Enno Stahl

Mit den Literaturnobelpreisträgern hat es eine ganz eigene Bewandtnis. Denn während die Naturwissenschaftler oder Mediziner, die diese Auszeichnung erhalten, der Öffentlichkeit zumeist unbekannt sind, nur unter ihresgleichen als Größen kursieren, sind die geehrten Autoren – wie sonst nur die Friedensnobelpreisträger – oft weithin berühmt. Nicht nur das: Jedes Jahr wird mit besonderer Spannung auf die aktuelle Verlautbarung aus Stockholm gewartet, weil der oder die aktuelle Literaturnobelpreisträger/-in just während der größten Bücherschau der Welt in Frankfurt verkündet wird. Große Aufregung auf den Gängen, wer ist es geworden, wieder einmal jemand ganz anderes, als man gedacht hätte! Glücklich die Verlage, die ein oder mehrere Werke des oder der Gekürten in ihrem Programm haben – sogleich kurbeln die Vertriebsleiter die Druckerpresse an, um dem aufbrandenden Lesehunger des Literaturvolkes Genugtuung zu verschaffen!

Oft ist es erstaunlich, auf welche Namen die Stockholmer Kommission verfällt, mancher reibt sich verwundert die Augen: Tranströmer? Le Clézio? Nie gehört! Mancher ärgert sich, dass Autor X und nicht Autor Y oder Z die begehrte Trophäe davonträgt. Tatsächlich ist die Geschichte des Literaturnobelpreises nicht frei von, gelinde gesagt, überraschenden Entscheidungen. Zumindest zu Lebzeiten jedoch wird der oder die Gepriesene durch die Ehrung unbezweifelbar herausgehoben, ganz gewiss weist ihm oder ihr der begehrte Preis eine besondere Rolle in der jeweiligen Nationalliteratur zu. Eine Szenerie belegt das sehr schön, einige Jahre ist das schon her, aber vielleicht gibt es ihn noch, den prächtigen Saal des internationalen Café Europa in downtown Kairo, dessen Wände von großen Foto-Konterfeis dreißig ägyptischer Schriftsteller geziert wurden. Neunundzwanzig davon waren schwarz-weiß, nur eines war in Farbe an der Stirnwand, alles lief darauf zu, es zeigte Nagib Mahfuz (Nobelpreis 1988), sozusagen als König Artus der literarischen Gralsrunde.

Dennoch ist der Nobelpreis – Mahfuz sei hier ausdrücklich ausgenommen – kein Garant dafür, dass das Werk eines Autors, einer Autorin tatsächlich kanonisiert oder überhaupt nur gelesen wird.

Oft ist die Schar derer, die verschmäht wurden, illustrer als die jener, die des Preises teilhaftig wurden. James Joyce? Fehlanzeige! Ezra Pound, Dylan Thomas, Thomas Bernhard, John Updike, Thomas Pynchon – ebenfalls nicht. Jorge Luis Borges, der das Nobelpreiskomitee warnte, nicht eher zu sterben, bis er endlich diese Ehrung erhielte, konnte seine Drohung nicht wahrmachen – die Herren aus Stockholm bewiesen den längeren Atem. Wer dagegen kennt heute noch Sully Prudhomme (1901), Rudolf Eucken (1908), Verner von Heidenstam (1916), Jacinto Benavente (1922), Frans Eemil Sillanpää (1939), Gabriela Mistral (1945), Camilo José Cela (1989)? Diese Liste ließe sich noch lange fortsetzen. Manche Preisträger erscheinen aufgrund ihrer literarischen Qualität fragwürdig wie Henryk Sienkiewicz (1905), Pearl S. Buck (1938) oder Dario Fo (1997). Auch viele andere der Bepreisten fallen nicht unbedingt durch ästhetische Kühnheit und großen Neuerungsdrang auf.

Arno Schmidt etwa spottete dazu: „Was sich gut übersetzen läßt, kriegt'n Preis!" Daher hafte den Trägern dieser Auszeichnung das „Stigma der Mittelmäßigkeit" an.[1] Die Kritik an der Auswahl ist so alt wie der Preis selbst. Immer wieder wird darauf hingewiesen, dass die Preisträger fast ausschließlich aus euro-

---

1) Arno Schmidt: Stigma der Mittelmäßigkeit. In: Der Rabe 9 (1985),
S. 9–13, hier: S. 11.

päischen Ländern oder den USA stammten. Zu oft würden außerliterarische Kriterien angelegt. Die Anzahl weiblicher Nobelpreisträger sei infinitesimal klein.

Oft entzünden diese Kritikpunkte sich an der Zusammenstellung der Auswahlkommission und am Verfahren selbst. Den Stiftungsstatuten entsprechend, wird der Literaturnobelpreis alljährlich von der *Svenska Akademien*, der Schwedischen Akademie der Wissenschaften, vergeben. Dieses Institut besitzt achtzehn Stühle, ausschließlich skandinavische Mitglieder besetzen diese von ihrer Benennung an bis zu ihrem Tod. Ein Austritt ist nicht möglich. In dem Fall, dass ein Mitglied nicht mehr an den Sitzungen teilnehmen möchte – in der Geschichte hat es diesen Fall verschiedentlich gegeben –, bleibt der entsprechende Stuhl bis zum Versterben dieses Mitglieds unbesetzt. Das gilt momentan etwa für die Autorin Kerstin Ekman, die mit zwei anderen inzwischen verstorbenen Mitgliedern 1989 ihren Austritt aus der Akademie erklärte, weil diese sich nicht bereit fand, die Fatwa gegen Salman Rushdie öffentlich zu verurteilen.

Aktuell gehören – abzüglich Ekmans und des vakanten Stuhls Nummer 11 – also sechzehn Frauen und Männer der Svenska Akademien an, sämtlich Autoren, Sprach- oder Literaturwissenschaftler. Bis in die 1990er-Jahre hinein allerdings waren die Mitglieder in der überwiegenden Mehrzahl männlich – jahrzehntelang, nämlich bis zu Kerstin Ekmans Ernennung 1978, war Selma Lagerlöf (Nobelpreisträgerin 1909) die einzige Frau in der Schwedischen Akademie überhaupt.

Für die Vergabe des Nobelpreises wählen die Akademiemitglieder aus ihren Reihen ein fünfköpfiges Nobelpreiskomitee aus, das unter den bisherigen Preisträgern, den Mitgliedern der Schwedischen Akademien und vergleichbaren Institutionen, Literatur- und Linguistikprofessoren sowie Präsidenten von Schriftstellerverbänden weltweit nach Vorschlägen für den Nobelpreis fahndet. Empfohlen werden dürfen lebende Autorinnen und Autoren, die Deadline ist der 31. Januar jedes Jahres.

Die Resultatsliste stellt das Komitee den Mitgliedern der Akademie zur Überprüfung vor und reduziert sie, nachdem die Akademie diese Longlist genehmigt hat, auf etwa fünfzehn bis zwanzig Namen, die erneut den Akademiemitgliedern vorgelegt werden müssen. Wird auch diese Auswahlliste akzeptiert, extrahiert das Komitee daraus eine Shortlist von fünf Namen, die der Akademie präsentiert werden. Sie legt diese, wenn sie einverstanden ist, als endgültige Kandidatenliste fest – über die Sommermonate haben die Akademiemitglieder nun Zeit, sich mit dem Werk der nominierten Autorinnen und Autoren zu befassen. Nach eingehenden Debatten im September wird schließlich im Oktober abgestimmt, der oder die Gekrönte muss mehr als die Hälfte der Stimmen auf sich vereinen. Mitte Oktober wird das Ergebnis veröffentlicht, wobei die Namen der unterlegenen Bewerber unter Verschluss gehalten werden.

Neben der erwähnten, ziemlich ungleichen Geschlechteraufteilung ist natürlich auch die Besetzung durch allein schwedische Mitglieder (noch dazu genuin „schwedischstämmig") nicht unproblematisch, denn eine eingeschränkt „nördliche" Perspektive – wie häufig kritisiert – wird so durchaus glaubhaft.

Die Bedeutung des Preises lässt sich indes dadurch nicht wegdiskutieren. Durch die weltweite Wahrnehmung ist und bleibt der Literaturnobelpreis die höchste Auszeichnung, die es auf diesem Planeten für Schriftsteller gibt.

Dass die Ausgewählten häufig nicht nur aufgrund ihrer literarischen Qualitäten gekürt wurden, scheint indes kein Zufall zu sein. Auch wenn die Statuten ausdrücklich betonen, dass der oder diejenige ausgezeichnet werden soll, der oder die „das Vorzüglichste in idealistischer Richtung geschaffen hat", fließen allem Anschein nach ebenso außerliterarische Kriterien in die Kandidatenfindung ein. Besonders in Zeiten der Minderheitenpolitik scheint die Entscheidung oftmals von komplizierten Nebenerwägungen bestimmt: Mitunter können diese weltpolitischer Natur sein, auch die Frauenquote, die inzwischen durchaus eine Rolle spielt, kann den Ausschlag geben oder aber die Herkunft der Autoren, da sich das Komitee heute nicht gerne mehr des Eurozentrismus zeihen lassen mag und zunehmend Preisträger aus Übersee findet. Die Nobelpreisentscheidungen sind somit ein Ausdruck des waltenden Zeitgeists.

Letztlich waren sie das schon immer; wenngleich das in den frühen Jahren vielleicht weniger offenkundig war, bestimmte schon damals ein gerüttelt Maß an Politik die Ergebnisfindung mit. Lag es nicht nahe, dass 1946, direkt im Jahr nach dem verheerenden Weltkrieg, einem erklärten Friedensbotschafter wie Hermann Hesse der Preis zuerkannt wurde? Oder dass 1950 der kämpferische Philosoph und spätere Begründer des gleichnamigen Tribunals Bertrand Russell ausgezeichnet wurde, als sich direkt im Anschluss an den „heißen" ein neuer „kalter Krieg" zu entspinnen begann? Wie anders hätte Winston Churchill 1953 wohl ein Nobelpreis für *Literatur* zugesprochen werden können? Der sich auch noch beschwerte, dass man ihm nicht den *Friedensnobelpreis* stattdessen verlieh, was wiederum verständlich ist, da Churchill sich – obgleich aus besten Gründen – eher als Kriegsherr denn als Friedensfürst verdient gemacht hat.

Wenn dieses Buch also einen Überblick über die deutschsprachigen Literaturnobelpreisträger geben möchte, dann versteht sich von selbst, dass nicht nur deren literarisches Schaffen im Blickpunkt steht, sondern auch ihr gesellschaftspolitisches Engagement bzw. ihr Verhältnis zu den jeweiligen literarischen und historischen Zeitumständen. Ebenso wie die Literatur in ihrer schlussendlichen Gestalt nie von ihrer gesellschaftlichen Umgebung unbeeinflusst bleibt, ist es ihre Autorin, ihr Autor. Beides, Werk und Autor, steht somit nicht nur im literarischen, sondern auch im sozialen, im politischen Feld, ob ein Schriftsteller das nun möchte oder nicht. Gerade beim Nobelpreis kommt es zwingend zu einem zündenden Kontakt zwischen Weltgemeinschaft und Literatur, denn bei dessen feierlicher Übergabe, am 10. Dezember jedes Jahres, dem Todestag des

Stifters Alfred Nobel, wartet der Laureat oder die Laureatin gemeinhin mit einer Dankesrede auf, die weltweite Aufmerksamkeit auf sich zieht und zumeist auch als politisches Bekenntnis des oder der Ausgezeichneten gewertet wird.

Manche Literaten werden über solche situativ angelegten Begegnungen mit den zeithistorischen Diskursen willent- und wissentlich zu politisch Handelnden, wie man an den engagierten Schriftstellern Böll und Grass sehen konnte, und es ist von heute aus interessant, nachzuvollziehen, welche Auswirkungen solche tagespolitischen Aktivitäten hatten – sowohl für ihre Urheber (und deren nachfolgende Literatur) als auch für die Gesellschaft. Was zu der altbekannten Frage führt, ob Literatur die Welt verändern kann …

Das kann sie selbstverständlich nicht, aber sie kann ein Faktor sein, eine Spur im Dickicht historisch relevanter Diskurse und Aktionen. Und sie kann Zeitumstände abbilden, anders als die Geschichtswissenschaft das vermag, kann die Seelenwelten der Menschen ausleuchten und die Aporien der Gesellschaft, in der sie sich ereignet. So wird sie im Rückblick zusätzlich zur historischen Quelle, nicht umsonst werden literarische Werke inzwischen vermehrt in der Geschichtswissenschaft zur Auswertung herangezogen, um frühere Zeiten besser zu veranschaulichen. Schließlich können wir unsere eigene Zeit nur begreifen, wenn wir lernen, die Vergangenheit zu deuten, und dafür war und ist die Literatur ein herausragendes Mittel.

Um in diese literarische wie historische Vergangenheit einzuführen, werden hier die dreizehn deutschsprachigen Träger des Literaturnobelpreises essayistisch vorgestellt und dem heutigen Leser nähergebracht – in ihrem Wirken, in ihren Werken und in ihrer Bedeutung, die sie heute für uns noch besitzen mögen. Es handelt sich wohlgemerkt nicht um *deutsche,* sondern *deutschsprachige* Autorinnen und Autoren. Diese Unterscheidung ist gleichfalls politischer Natur, denn uns geht es nicht darum, am Bild einer nationalen Identität zu stricken, versinnbildlicht durch die Literatur Deutschlands. Vielmehr geht es um ein literarisches Territorium, jenes des deutschen Sprachraums, das seine Eigenarten und möglichen Grenzen nicht durch politische Demarkationslinien, sondern das essenzielle Wesen der Sprache selbst zugewiesen erhält, das sie von anderen Sprachen und Literaturen unterscheidet. Deshalb beinhaltet dieses Buch Beiträge über zwei Schweizer Nobelpreisträger (darunter den gebürtigen Deutschen Hesse), einen Briten (Canetti) und eine Österreicherin (Jelinek).

Da dieser Band von zwei Verfassern stammt, mit je eigenem Stil und individuellem Urteilsvermögen, wurde – in aller Eintracht – unterlassen, eine Identität zu fingieren, wo sie nicht ist. Die Texte differieren daher mitunter in Methode, Stil und Zugriff, die geneigten Leserinnen und Leser werden dies gewiss nachvollziehen können. Die Beiträge sind dennoch einheitlich aufgebaut, sie folgen der Chronologie, reichen also vom Historiker Theodor Mommsen (Nobelpreis 1902) bis zu Herta Müller (Nobelpreis 2009). Vorausgeschickt werden stets ein Porträt des jeweiligen Autors, der Autorin, und die wichtigsten Lebensdaten. Im Text selbst werden die zentralen Werke des Laureaten gewürdigt, auch unter Berücksichtigung der Nobelpreiswürdigkeit, zudem werden Autor und Werk in Bezug zu ihrer Epoche gesetzt. Am Ende jedes Essays wird noch einmal eine kurze Liste von Lesetipps angehängt, sowohl empfohlene Werke der Autoren selbst als auch im gegebenen Fall weiterführende Sekundärliteratur. Zum Abschluss wird im Nachwort noch einmal über die deutsche Sprache selbst reflektiert, die durch jede dieser dreizehn Entscheidungen mit ausgezeichnet wurde.

Allgemeine Literatur zum Nobelpreis:
Kjell Espmark: Der Nobelpreis für Literatur. Prinzipien und Bewertungen hinter den Entscheidungen. Göttingen: Vandenhoek & Ruprecht 1988.

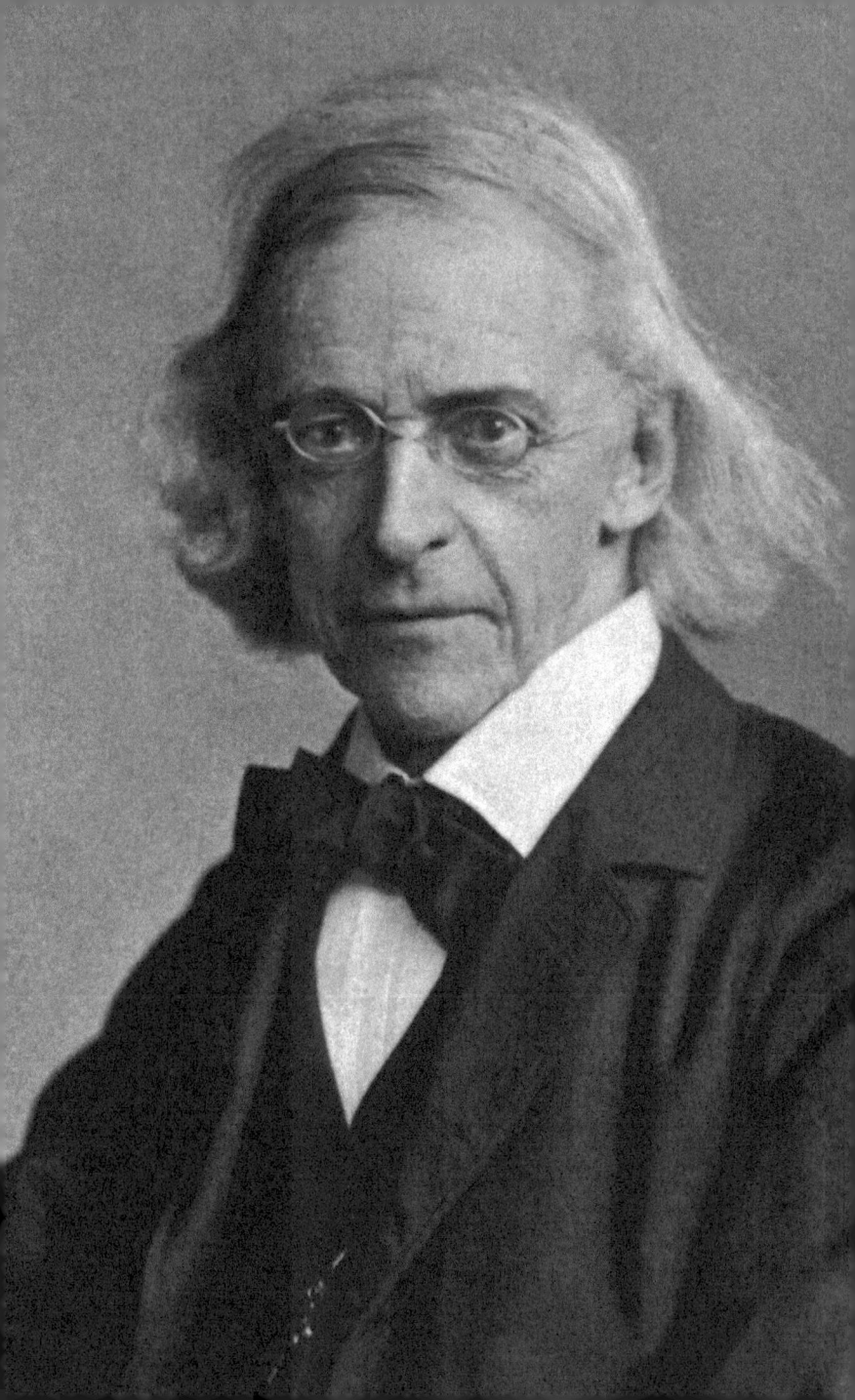

Theodor Mommsen

1817 | **30. November geboren in Garding, Herzogtum Schleswig, als Sohn eines protestantischen Diakons**

1821 | **Umzug nach Bad Oldesloe, zunächst Privatunterricht beim Vater**

1839 | **seit 1839 Freundschaft mit Theodor Storm**

1844-47 | **Italienaufenthalt, Studium der lateinischen Inschriften**

1847 | **Konzeption des** *Corpus Inscriptionum Latinarum*

1848 | **Redakteur der** *Schleswig-Holsteinischen Zeitung* **und Engagement in der liberalen Bewegung, Herbst 1848 Berufung auf eine außerordentliche Professorenstelle nach Leipzig**

1849 | **Beteiligung am sächsischen Maiaufstand**

1851 | **Entlassung aus dem Hochschuldienst**

1852 | **Berufung nach Zürich auf eine Professorenstelle für römisches Recht**

1854 | **Berufung nach Breslau**

1854-56 | **Publikation der** *Römischen Geschichte* **in drei Bänden**

1858 | **Aufnahme in die Preußische Akademie der Wissenschaften**

1861 | **Professor für römische Altertumskunde an der Berliner Friedrich-Wilhelms-Universität, wo er bis 1885 lehrte; Mitglied zahlreicher wissenschaftlicher Vereinigungen auf der gesamten Welt**

1863-66 und 1873-79 **Abgeordneter im preußischen Landtag, zunächst für die liberale Fortschrittspartei, später für die Nationalliberalen, schlussendlich für die Sezessionisten**

1879-83 | **im Antisemitismus-Streit entschiedener Gegner Treitschkes**

1881-84 | **Mitglied des Reichstags, Kontroverse mit Bismarck**

1902 | **Nobelpreis für Literatur als erster Deutscher**

1903 | **am 1. November gestorben in Berlin-Charlottenburg**

Theodor Mommsen | *vorzüglich in idealistischer Richtung*

von Enno Stahl

„Rings um das mannigfaltig gegliederte Binnenmeer, das tief einschneidend in die Erdfeste den größten Busen des Ozeans bildet und, bald durch Inseln oder vorspringende Landfesten verengt, bald wieder sich in beträchtlicher Breite ausdehnend die drei Teile der alten Welt scheidet und verbindet, siedelten in alten Zeiten Völkerstämme sich an, welche, ethnographisch und sprachgeschichtlich betrachtet, verschiedenen Rassen angehörig, historisch ein Ganzes ausmachen. Dies historische Ganze ist es, was man nicht passend die Geschichte der alten Welt zu nennen pflegt, die Kulturgeschichte der Anwohner des Mittelmeers, die in ihren vier großen Entwicklungsstadien an uns vorüberführt die Geschichte des koptischen oder ägyptischen Stammes an dem südlichen Gestade, die der aramäischen oder syrischen Nation, die die Ostküste einnimmt und tief in das innere Asien hinein bis an den Euphrat und Tigris sich ausbreitet, und die Geschichte des Zwillingsvolkes der Hellenen und der Italiker, welche die europäischen Uferlandschaften des Mittelmeers zu ihrem Erbteil empfingen."

Wenn man diese Zeilen liest, wundert man sich nicht, wieso Theodor Mommsen, ein Historiker, als erster deutschsprachiger Autor 1902 den Literaturnobelpreis erhielt. Die Anfangssätze seiner monumentalen *Römischen Geschichte* zeigen bereits, dass der Verfasser sich etwas vorgenommen hat. Die ausladende Breite der Einleitung, mehrfach hintereinandergeschaltete Partizipialkonstruktionen, und doch fließend wie ein kapitaler Strom, ruhig, majestätisch, aber unaufhaltsam, sie zeugt beredt von dem, was kommt: ein gigantisches Werk, ein gigantisches Unternehmen, das knapp 700 Jahre römischer Geschichte in all ihren Facetten, all ihren inneren wie äußeren Angelegenheiten und ihren vielen Hundert Protagonisten darzustellen beabsichtigt. Nicht weniger als ein ganzer Kosmos also, weit hineinreichend in Zeit und Raum, war hier das Ziel, ein Epos von unbekannten Ausmaßen. Und wie Mommsen sich dieser Aufgabe stellte, das war eben nicht nur eine wissenschaftliche, sondern auch eine literarische, eine stilistische Ausnahmeleistung.

Damals, im Jahr seiner Verleihung, war der Nobelpreis für Mommsen allerdings eine faustdicke Überraschung, denn anscheinend wusste er gar nicht, dass man ihn vorgeschlagen hatte. Es war keine Koketterie, wenn Mommsen dem Ständigen Sekretär der Schwedischen Akademie, Carl David af Wirsén, der ihm die freudige Botschaft mitgeteilt hatte, antwortete: „Nichts in der Welt hätte mich mehr in Erstaunen setzen können als Ihre Mittheilung, daß die vornehmste Stiftung, die die Welt bis jetzt gesehen hat, meiner in solcher Weise gedacht hat."

Aber auch für die Öffentlichkeit war die Kür Mommsens eine Überraschung, sie entsprach nicht in vollem Umfang den Verleihungskonditionen, wie sie Alfred Nobel 1895 testamentarisch festgelegt hatte. Zwar konnte man Mommsen kaum absprechen, dass er „in der Literatur das Vorzüglichste in idealistischer Richtung geschaffen" hatte, wie Nobel es gefordert hatte. Doch eine andere Bedingung war nicht wirklich erfüllt, der Preis sollte „an diejenigen verteilt werden, die *im vorangegangenen Jahre* der Menschheit den größten Nutzen geleistet haben". Die Grundstatuten der Nobel-Stiftung aus dem Jahr 1900 präzisierten diesen Punkt dahin gehend, dass unter dem vergangenen Jahr „die neuesten Resultate" verstanden werden sollten, und „ältere Arbeiten dagegen nur dann, wenn ihre Bedeutung erst in letzter Zeit klar erwiesen worden ist". Von beidem konnte in Mommsens Fall keine Rede sein. Die *Römische Geschichte,* für die er ausgezeichnet wurde, war bereits 1854 bis 1856 in drei Bänden erschienen, also fast fünfzig Jahre vor der Nobelpreisverleihung, und sie war von Beginn an ein Triumph von internationalen Ausmaßen gewesen, der keineswegs erst mit Verzögerung einsetzte.

Immerhin entsprach das Werk – auch als historiografische Schrift – der Literaturdefinition der Schwedischen Akademie, die ausdrücklich festgehalten hatte, dass nicht nur „belletristische, sondern auch andere Schriften, die durch Form und Art der Darstellung literarischen Wert besitzen", preiswürdig sein könnten. Auf diesen Punkt wies Wirsén am Anfang seiner Preisrede am 10. Dezember 1902 explizit hin (Mommsen selbst war übrigens altersbedingt nicht zugegen), wahrscheinlich um auch Mommsens jüngere historische Forschung mit in den Blick zu bringen – und so den Regelverstoß zu kaschieren. In die gleiche Kerbe schlug Wirséns Hinweis, dass zwar der erste Band der *Römischen Geschichte* 1854 erschienen sei, der fünfte „dagegen im Jahr 1885, einer unserer Gegenwart nicht allzu fernen Zeit". Während der vierte Band von Mommsens Werk, der die Zeit nach Cäsar thematisieren sollte, nie erschien, war der fünfte Band „Länder und Leute von Caesar bis Diocletian", der sich nicht mit der Zentrale, sondern mit der historischen Entwicklung der römischen Provinzen Spanien, Germanien, Gallien usw. befasste, eine Art Nachläufer, der nicht in den erzählerischen Kontext der ersten drei Bände integriert ist.

Die *Römische Geschichte*, so Wirsén weiter, habe „noch immer den Charakter des Aktuellen bewahrt, wie das in den Statuten des Nobelpreises verlangt wird, und bietet Anlaß zu leidenschaftlichen Diskussionen". Dass Mommsens seit Jahrzehnten weltweit anerkanntes Werk im Zentrum des Meinungsstreits jener Tage gestanden hätte, das konnte man nicht ernsthaft behaupten. Doch Wirsén versuchte um jeden Preis, der *Römischen Geschichte* eine zeitgenössische Aktualität, ja Brisanz anzudichten.

Das hatte seinen Grund. Denn bereits die Preisverleihung im Jahr zuvor, 1901 – die erste überhaupt –, bei der der französische Lyriker Sully Prudhomme ausgezeichnet wurde, war höchst umstritten gewesen. Zweiundvierzig namhafte Schriftsteller und Literaturkritiker, die der Schwedischen Gesellschaft für Literatur und Kunst angehörten, allen voran August Strindberg und Selma Lagerlöf, hatten sich mit einem offenen Brief an Leo Tolstoi gewandt, um sich für die ihrer Ansicht nach falsche Entscheidung zu entschuldigen, nicht ihn, Tolstoi, „den verehrten Altmeister der modernen Literatur", den „großen und tiefen Dichter", mit dem Nobelpreis auszuzeichnen. Das wäre 1901 gar nicht möglich gewesen, weil Tolstoi überhaupt nicht vorgeschlagen war.

1902 aber war das anders. Nun stand er auf der Kandidatenliste. Und man muss sich ein wenig in die Annalen des Nobelpreises begeben, um zu verstehen, dass Mommsen der Ehrung auch deshalb teilhaftig wurde, damit Tolstoi als Preisträger umgangen werden konnte. Der erwähnte Ständige Sekretär Carl David af Wirsén hegte eine tiefe Abneigung gegen die literarischen Strömungen der Moderne. Nobels Vorgabe, „das Vorzüglichste in idealistischer Richtung", interpretierte er auf eine ganz eigene Art. In seiner Ära, die von 1900 bis 1912 währte, blieb die gesamte moderne Literatur ausgespart. Denn für Wirsén stand der etwas diffuse Begriff „idealistisch" – neben sehr konservativen ästhetischen Prämissen – für Kirche und Krone. Alle Autoren, die sich etwa in religiöser oder politischer Hinsicht kritisch gezeigt hatten, waren ihm ein Dorn im Auge.

Leo Tolstoi, dem man zwar für sein literarisches Werk durchaus Achtung zollte, erschien aufgrund seiner religionskritischen und politischen Schriften, die nach Meinung des Nobel-Komitees „unreif und irreführend" seien, demnach nicht preiswürdig. Zudem hatte Tolstoi in seiner Antwort auf den offenen Brief der Kritiker gute Argumente dafür geliefert, ihn auch diesmal unberücksichtigt zu lassen, dort hatte er geschrieben: „Die Tatsache, daß der Nobelpreis nicht mir zugesprochen ist, war mir in zweifacher Beziehung angenehm: erstens befreite sie mich von der schweren Pflicht, in irgendeiner

Weise über das Geld zu verfügen, das von allen für einen sehr notwendigen und nützlichen Gegenstand angesehen wird, mir aber als die Quelle von jeder Art Übel gilt; zweitens aber wurde sie der Anlaß, daß eine Anzahl Personen, die ich hochschätze, mir ihre Teilnahme aussprachen, wofür ich von ganzem Herzen danke." Das machte es dem Komitee leicht, einen Kandidaten abzulehnen, der sich öffentlich über die „Wertlosigkeit, ja Schädlichkeit von Geldpreisen" ausgesprochen hatte, der den Preis also offensichtlich überhaupt nicht wollte.

So war der Weg für Mommsen frei. Dass auch er ein scharfer Gegner der katholischen Kirche und Kritiker des Protestantismus war und keineswegs ein bedingungsloser Parteigänger des Königtums, schien Wirsén und dem Komitee dabei entgangen zu sein.

Zu Beginn seiner Laufbahn hatte Mommsen durchaus einmal literarische Ambitionen gehegt. Aus Schleswig-Holstein stammend, hatte er während seiner Studienzeit in Kiel 1841 mindestens für ein Jahr mit Theodor Storm in einer Wohngemeinschaft gehaust, gemeinsam mit ihm hatte er für das *Altonaer Volksbuch* für das Jahr 1844 Sprichwörter und Reime in plattdeutscher Sprache sowie schleswig-holsteinische Sagen gesammelt – auch aus dem politischen Interesse heraus, die eigenen Traditionen wachzuhalten. Im selben Jahr veröffentlichte er mit seinem Bruder Tycho und Storm auch einen Gedichtband: das *Liederbuch dreier Freunde* (1844). Erstaunlicherweise ist es keineswegs so, dass sich in diesem Jugendwerk Storm als der kommende große Autor zeigte und Mommsen bloß als dilettierender Gelegenheitsdichter. Im Gegenteil, heutige wie damalige Kritiker betonen die formale Meisterschaft, mit der Mommsen komplexe Dichtungsschemata verwendete. Seine Kenntnis der aktuellen Lyrik der Heine, Rückert, Goethe, Brentano, Uhland, die er sich anverwandelte, überragte die seiner Mitautoren bei Weitem. Selbstbewusst schrieb er 1843 an Storm: „Sie wissen, ich bin zum Redakteur geboren; senden Sie mir nur Unvollendetes, Fragmente, was Sie haben"; er schreckte auch nicht davor zurück, dessen Verse eigenmächtig zu verbessern.

Doch vermutlich war Mommsen klar, dass er – anders als Storm – kaum über die kopierten Vorbilder hinausgelangen würde. So blieb es bei dieser lyrischen Episode, was allerdings nicht heißt, dass er das Dichten gänzlich aufgab. Vielmehr pflegte er zu besonderen Anlässen oder in der Briefkommunikation bis zum Ende seiner Tage Gedichte zu verfassen. Und Mommsen blieb zeit seines Lebens neben seinen wissenschaftlichen und politischen Aktivitäten literarisch engagiert, er übersetzte Byron, Manzoni, einen Einakter Giacosas, der erstmalig auf dem Polterabend seiner Tochter und dann später immer wieder im Familienkreis aufgeführt wurde, selbst noch nach seinem Tod, und zusammen mit seinem Schwiegersohn Ulrich von Wilamowitz-Moellendorff Gedichte des späteren Nobelpreisträgers Giosuè Carducci. Mommsen, der sieben Sprachen beherrschte, dichtete auch in Italienisch, Französisch, Englisch, Latein und in Plattdeutsch. Dass all diese literarischen Fingerübungen seinem wissenschaftlichen Schreiben zugutekamen, versteht sich von selbst.

Nach seinem lyrischen Intermezzo wandte Mommsen sich jedoch schnell seiner eigentlichen Berufung zu: 1844 ging er nach Italien, um dort die lateinischen Inschriften zu studieren. Ermöglicht wurde dieser Studienaufenthalt durch ein Stipendium des dänischen Königs, was insofern pikant war, als dass Mommsen während seines Studiums in Artikeln für die *Neuen Kieler Blätter* gegen die dänische Nationalbewegung agitiert und sich später vehement für einen Anschluss des Herzogtums Schleswig an Deutschland eingesetzt hatte. In Italien legte er den Grundstein für seine wissenschaftliche Karriere, er konzipierte den *Corpus Inscriptionum Latinarum,* ein vollständiges Verzeichnis lateinischer Inschriften, dessen Verwirklichung er später als wissenschaftliches Großprojekt organisierte, fünfzehn von insgesamt sechzehn Bänden erschienen zu seinen Lebzeiten, fünf davon betreute er selbst. Natürlich stellte diese intensive Beschäftigung mit den antiken Inschriften zudem eine zentrale Quelle für die römische Geschichte dar.

Kaum zurück aus Italien, stürzte sich Mommsen aber zunächst in die revolutionären Auseinandersetzungen des Jahres 1848. Im April trat er in die Redaktion der neu gegründeten *Schleswig-Holsteinischen Zeitung* ein, das Blatt gehörte der Provisorischen Regierung der beiden noch getrennten Herzogtümer. Während Holstein bereits zum Deutschen Bund gehörte, war Schleswig dänisch. Schon sechs Tage nach seiner Einsetzung verfasste er einen Artikel „Die Fürsten sind im Preise gesunken" (21. April 1848), der nicht zuletzt auch seinen Arbeitgeber brüskierte. Denn die Provisorische Regierung hatte sich ausdrücklich auf die Legitimität des fürstlichen Herrschers berufen – dieser war im Falle Schleswigs der König von Dänemark. Mommsen, beseelt vom Ideal eines parlamentarischen Staates, bestritt die Rechtmäßigkeit dynastischer Herrschaft, ihren Platz eingenommen habe nun „die Legitimität der Nationen": „Daß ein Volk zum Staate werde, und zwar Ein Volk zu Einem Staate, das ist politisches Gemeinbewußtsein geworden und wird sich immer mehr realisieren." Die Einheit Deutschlands sollte nach seinem Wunsch um jeden Preis hergestellt werden. Allerdings unterschätzte er die Partikularinteressen der Kleinstaaten, die zumindest 1848 noch nicht bereit waren, in einem Deutschen Reich unter preußischer Vorherrschaft aufzugehen, zumal auch Friedrich Wilhelm IV. trotz gegenteiliger Bekundungen bald von diesem Ziel absah.

Durch seine bissigen Kommentare geriet Mommsen immer mehr in Konflikt mit der Provisorischen Regierung, die ihn bald wissen ließ, dass sie nicht mehr bereit sei, seine Attacken zu finanzieren. Da Mommsen sich jede Gängelung verbat, schied er Anfang Juli aus der Redaktion aus. Schon im August aber, als die *Schleswig-Holsteinische Zeitung* privatisiert wurde, holte ihn der neue Eigentümer Wilhelm Ahlmann in die Redaktion zurück.

Zwar erwies sich Mommsen als glänzender politischer Stilist, doch in seinen Einschätzungen scheint er nicht immer richtiggelegen zu haben: So bekämpfte er vehement den Vertrag von Malmö (26. August 1848), der einen Waffenstillstand zwischen Preußen und Dänemark sowie die Neuordnung der schleswigholsteinischen Verhältnisse vorsah. Nach Ansicht heutiger Historiker verkannte er, dass sich diese politische Frage längst zu einem europäischen Thema ausgewachsen hatte, das auch die Interessen Frankreichs, Russlands und Englands berührte. Mommsen indes rief zur Waffengewalt gegen Dänemark auf, was ein sehr aussichtsloses Unterfangen gewesen wäre.

Er selbst kam nicht mehr in die Gefahr kriegerischer Auseinandersetzungen, weil ihn im Hebst 1848 ein Ruf an die Universität Leipzig ereilte, dem er unverzüglich nachkam. Hier hatte er eine außerordentliche Professur für Rechtswissenschaft inne und entfaltete intensive wissenschaftliche Aktivitäten. Trotzdem beteiligte er sich 1849 am Dresdner Maiaufstand, was ihn zwei Jahre später seine Anstellung kostete. Diese Konsequenz war durchaus typisch für Mommsen, nie schreckte er in seiner politischen Tätigkeit vor persönlichen oder beruflichen Nachteilen zurück, sondern blieb seiner freiheitlichen Gesinnung stets treu. So befand er in einem Brief an Fritz Jonas (21. November 1893), es sei der schlimmste Fehler, „wenn man den Rock des Bürgers auszieht, um den gelehrten Schlafrock nicht zu kompromittieren".

1852 wurde er, für „gefallene Republikaner" nicht unüblich, an die Universität Zürich berufen, 1854 nach Breslau, damals so etwas wie die Warteschleife für höhere Aufgaben in Berlin. In dieser Phase erschien auch seine *Römische Geschichte*. 1858 holte man ihn endlich für eine Forschungsprofessur an die Preußische Akademie der Wissenschaften, wo er nun, im Zentrum der wissenschaftlichen Möglichkeiten seiner Zeit, zahlreiche Projekte zu initiieren begann. Unbestritten ist seine bahnbrechende Bedeutung in der Wissenschaftsorganisation; er war der Erste, der einen akademischen Großbetrieb in den Geisteswissenschaften etablierte. Dadurch konnte die Quellenbasis altertumskundlicher Forschung maßgeblich vorangebracht werden, neben dem erwähnten *Corpus Inscriptionum Latinarum* kümmerte er sich unter vielem anderen um die Dokumentation antiker Münzen und Papyri oder engagierte sich in der „Reichskommission zur Limes-Forschung".

1861 erhielt Mommsen einen Lehrstuhl für römische Altertumskunde an der Berliner Friedrich-Wilhelms-Universität; der Lehre allerdings konnte er weniger abgewinnen – bei den Studenten war er wegen seiner Selbstgerechtigkeit und Überheblichkeit unbeliebt, sein Spitzname war „das Rasiermesser". Für seine direkten Schüler allerdings setzte er sich sehr ein, insbesondere wenn es darum ging, sie mit Lehrstühlen und Posten zu versorgen. Der Bekannteste unter ihnen, den auch Mommsen selbst am höchsten schätzte, war Max Weber, der sich dem gewaltigen Schlagschatten des Meisters noch vor der Promotion durch den Wechsel zur Soziologie entzog.

Neben diesen weitverzweigten Tätigkeiten war Mommsen kontinuierlich politisch aktiv, 1863–1866 und wieder 1873–1879 saß er als Abgeordneter im preußischen Landtag, 1881–1884 war er Mitglied des Reichstags. Diese Teilhabe am öffentlichen Diskurs war ihm außerordentlich wichtig. Jedoch waren damit fundamentale Enttäuschungen verbunden, vor allem durch seine Kontroversen mit Otto von Bismarck. 1866 nach der Schlacht von Königgrätz, die als ein entscheidender Schritt hin zur deutschen Reichsgründung gilt, hatte er sich mit dem preußischen Ministerpräsidenten zeitweise im Einklang befunden, obwohl er Bismarck seinen „neuen Cäsarismus" ankreidete. Immerhin trat er im selben Jahr dessen neu gegründeter Nationalliberaler Partei bei. Doch 1879, als Bismarck den Liberalismus entmachtete, um ein neues Bündnis mit Großgrundbesitzern und Schwerindustrie zu schmieden, kam es zum Bruch. Mommsen schloss sich der linksliberalen „Sezession" an, die sich von der Nationalliberalen Partei abspaltete. Die Auseinandersetzung wurde persönlich, Bismarck stellte „Lehrstand" und „Nährstand" gegeneinander und sprach von den „lügenhaften Historikern des Liberalismus" – offene Attacken auf Mommsen. Der zahlte mit gleicher Münze zurück, indem er Bismarcks protektionistische Wirtschaftspolitik als „gemeinste Interessenspolitik" bezeichnete, „die dadurch um so nichtswürdiger ist, weil die Interessen miteinander eine Koalition schließen, um diejenigen auszubeuten, die sich ihr nicht anschließen können", deshalb drehe es sich hier um eine „Politik des Schwindels". Diese Äußerung handelte Mommsen eine Beleidigungsklage Bismarcks ein, die allerdings mit seinem Freispruch endete.

Ein besonderes Kapitel dieser Auseinandersetzung war der sogenannte Antisemitismus-Streit, den Bismarck für sich nutzte, um die liberalen Politiker, von denen viele jüdischer Abstammung waren, zusätzlich zu schwächen. Schon deshalb nahm Mommsen leidenschaftlich Partei gegen die judenfeindlichen Ausführungen Heinrich von Treitschkes, der mit einer Programmschrift dafür gesorgt hatte, dass der latente Antisemitismus, dem zunächst eher die Deklassierten frönten, auch im Bürgertum Fuß fassen konnte. Mit dem wachsenden Nationalismus, der damit einherging, wurden Mommsen und seine politischen Freunde immer mehr ins Abseits gedrängt. Bei seiner Grabrede für Ludwig Bamberger, einen der glänzendsten Köpfe der Liberalen, brach Mommsen weinend zusammen. Es schien, dass alles, wofür sie gekämpft hatten, verloren war.

Schon seit Längerem war er mit der Nation, deren Entstehung er so leidenschaftlich gefordert hatte, zerfallen, an seine Frau Marie schrieb er am 21. Mai 1885: „Auf meinem Grabe soll weder ein Bild noch ein Wort, nicht einmal mein Name stehen, denn ich will von dieser Nation ohne Rückgrat persönlich so bald wie möglich vergessen sein und betrachte es nicht als Ehre, in ihrem Gedächtnis zu bleiben." Der Hauptschuldige an dieser Misere war für ihn Bismarck, den er eine „Spottgeburt von Dreck und Feuer" nannte. Bismarck habe „der Nation das Rückgrat gebrochen".

Wie sehr Mommsen seine politische Arbeit als Zentrum seines Lebens begriff, wie schwer daher das Scheitern seiner Bestrebungen für ihn wog, lässt die viel zitierte Testamentsklausel von 1899 ermessen: „Politische Stellung und politischen Einfluß habe ich nie gehabt und nie erstrebt; aber in meinem innersten Wesen, und ich meine, mit dem Besten, was in mir ist, bin ich stets ein *animal politicum* gewesen und wünschte ein Bürger zu sein. Das ist nicht möglich in unserer Nation, bei der der Einzelne, auch der Beste, über den Dienst im Gliede und den politischen Fetischismus nicht hinauskommt. Diese innere Entzweiung mit dem Volke, dem ich angehöre, hat mich durchaus bestimmt, mit meiner Persönlichkeit, soweit mir dies irgend möglich war, nicht vor das deutsche Publikum zu treten, vor dem mir die Achtung fehlt."

Doch nun zur *Römischen Geschichte.* Es ist schlechterdings unmöglich, dieses Mammutwerk hier in gebührender Weise zu würdigen oder gar seine Inhalte wiederzugeben. Unzählig sind die Episoden und handelnden Personen, die politischen Verwicklungen und dramatischen Ereignisse. Generationen nicht nur deutscher Leser wurden in ihrem Römerbild durch Mommsens Darstellung geprägt und werden es bis heute, selbst wenn sie nicht in direkten Kontakt mit dem Original gekommen sein sollten oder wenigstens mit Auszügen, von denen zahllose erschienen. Denn es steht außer Frage, dass Mommsens *Römische Geschichte* auch ein Heer anderer Autoren aus dem eher populären Sachbuchbereich inspiriert und beeinflusst hat.

Nicht zuletzt liegt das an ihrer spezifischen Gestaltung, die weit über eine bloße Vermittlung historischer Fakten hinausgeht. Die große Klammer ist die Sprache, die sehr erzählerisch angelegt ist, bildstark, anschaulich, realitätsnah. Mommsen selbst beschrieb in einem Brief an Wilhelm Henzen (26. November 1854) plastisch seine Motivation beim Verfassen des gigantischen Werks: „es gilt doch vor allem die Alten herabsteigen zu machen von dem phantastischen Kothurn, auf dem sie der Masse des Publikums erscheinen, sie in die reale Welt, wo gehaßt und gelebt, gesägt und gehämmert, phantasiert und geschwindelt wird, den Lesern zu versetzen".

Gerade diese literarische Qualität impliziert, dass Mommsen nicht als Historiker verfährt, der sich strikter Neutralität verpflichtet sieht, sondern er schmückt aus, verdichtet, poetisiert, fühlt sich in die Personen ein wie ein Romancier. Und er verfolgt mit seinem Unternehmen eine konkrete, außerwissenschaftliche Absicht, die seine schriftstellerische Arbeit mit seiner politischen *vita activa* verbindet: Seine *Römische Geschichte* richtet sich an die Zeitgenossenschaft, er will sie politisch erziehen, die Ereignisse im alten Rom sollen auf die Gegenwart abstrahlen, die aktuellen politischen, ökonomischen und sozialen Prozesse beeinflussen. Oft stellt Mommsen diese Beziehung selbst her, zieht Parallelen zwischen der römischen Zeit und zeitgenössischem Geschehen. Natürlich ist das ein Aspekt, der aus heutiger Sicht die historische Genauigkeit seines Werks schmälert, ohne den großen Reichtum an Material im Ganzen zu desavouieren. Methodisch ist eine solche „einfühlende Geschichtserzählung" im populären Sachbuch heute noch gang und gäbe, nicht aber in der historischen Forschung.

Vor diesem Hintergrund ist auch Mommsens Verfahren zu werten, die gesamte *Römische Geschichte* quasi teleologisch auf die Figur des Cäsar zulaufen zu lassen. Bei aller unbestreitbaren Bedeutung dieses sicher bekanntesten römischen Herrschers (und Totengräbers der aristokratischen Demokratie) – der alles überstrahlende Fixstern des römischen Imperiums, Höhepunkt, Sinn und logisches Ende seiner Geschichte, als den

Mommsen ihn zeichnet, ist er denn doch nicht gewesen. Von daher ist es bezeichnend, dass der vierte Band der *Römischen Geschichte*, der die folgenden Jahrhunderte ab Augustus' Herrschaft hätte behandeln sollen, nie verwirklicht wurde.

Nicht zuletzt verband Mommsen mit Cäsar wohl auch ein gewisses strategisches Interesse, das sich in einer Charakterisierung deutlich niederschlägt: „Wenn noch nach Jahrhunderten wir ehrfurchtsvoll uns neigen vor dem, was Caesar gewollt und getan hat, so liegt die Ursache nicht darin, daß er eine Krone begehrt und gewonnen hat, was an sich so wenig etwas Großes ist wie die Krone selbst, sondern darin, daß sein mächtiges Ideal: eines freien Gemeinwesens unter einem Herrscher – ihn nie verlassen und auch als Monarchen ihn davor bewahrt hat, in das gemeine Königtum zu versinken."

Zwar hat Cäsar in den wenigen Jahren seiner Alleinherrschaft Großes im Sozialen und im Verwaltungswesen geleistet, ein lupenreiner Demokrat mit Krone war er indes kaum. In Mommsens Lesart nimmt sich das so aus, als habe Cäsar als Angehöriger der bürgerlich-demokratischen Partei Roms aus dem Verlauf der Geschichte bis dahin den richtigen Schluss gezogen, dass nur dadurch, dass er mit militärischen Mitteln die Macht usurpiere und sie als absoluter Herrscher exekutiere, die Durchsetzung ebendieser freiheitlichen Ideale möglich sei. Gewissermaßen enthält diese Passage so etwas wie Mommsens politisches Credo, spricht er sich darin doch für eine parlamentarische Monarchie mit liberalem Gemeinwesen aus. Sicher, den König braucht es nicht zwingend, doch wenn er die Staatsgeschäfte den gewählten Volksvertretern überlässt, stört er auch nicht allzu sehr. Mommsen war daher keineswegs – wie das Nobel-Komitee glaubte – Vertreter eines neuen „Cäsarismus", ein Parteigänger des Königtums. Der Akzent lag bei ihm auf Staat und Parlamentarismus.

Theodor Mommsen war eine vielschichtige Persönlichkeit, stark eingebunden in die historischen Abläufe seiner Zeit. Und er war ein großer Schriftsteller, der den Nobelpreis vielleicht auf Basis falscher Annahmen der Jury erhielt, ihn trotzdem wohl mehr verdiente als manch anderer.

Literatur:

Von Mommsens Römischer Geschichte existieren zahlreiche Ausgaben, zuletzt: Römische Geschichte. Mit einer Einleitung von Stefan Rebenich. 3. Auflage, Sonderausgabe in 2 Bänden auf der Grundlage der vollständigen Ausgabe von 1976 in 8 Bänden, unveränderter Nachdruck. Darmstadt: Philipp von Zabern 2015.
Vollständige Ausgabe als E-Book: Römische Geschichte: Komplettausgabe mit Kartenmaterial. Neuss: Null Papier Verlag 2015.

Sekundärliteratur:

Lothar Wickert: Theodor Mommsen. Biographie in vier Bänden. Frankfurt: Klostermann 1959–1980.
Stefan Rebenich: Theodor Mommsen – eine Biographie. München: Beck 2007.

Rudolf Christoph Eucken

1846 | 5. Januar geboren in Aurich

1863 | ab 1863 Studium der Philologie und Philosophie in Göttingen

1866 | Juni Promotion in Göttingen; Oktober Staatsexamen

1867 | Herbst Gymnasialoberlehrer in Husum, Ostern 1869 am
Friedrichs-Gymnasium in Berlin, Herbst 1869 am Alten Gymnasium
in Frankfurt am Main

1871 | ordentlicher Professor der Philosophie und Pädagogik in Basel

1874 | ordentlicher Professor der Philologie in Jena bis zur Emeritierung
zum 1. April 1920

1903 | Dr. theol. h. c. Gießen

1908 | auswärtiges Mitglied der Schwedischen Akademie
der Wissenschaften

1908 | Nobelpreis für Literatur

1912/1913 | Ehrendoktor US-amerikanischer Universitäten, so von
Syracuse (Dr. of Human Letters), der Columbia University
(Dr. of Letters) und der New York University (Dr. of Law)

1913–14 | Austauschprofessor in den USA (Harvard) und Vortragstätigkeit
an mehreren amerikanischen Universitäten

1926 | am 15. September gestorben in Jena

Rudolf Christoph Eucken |
der Literaturnobelpreis als Kompromisslösung

von Lothar Schröder

1908 erlebt das Deutsche Kaiserreich einen veritablen Staatsskandal. Auslöser ist die Veröffentlichung eines Interviews, das der britische Oberst Edward Montagu-Stuart-Wortley mit dem deutschen Kaiser Wilhelm II. geführt hat und Ende Oktober im *Daily Telegraph* veröffentlicht. Diverse politisch unbedarfte Statements des Monarchen sorgen auch in Deutschland für Empörung. Denn Thema ist unter anderem der deutsche Flottenbau, der – wie Wilhelm betont – sich nicht gegen England richte, sondern allein gegen fernöstliche Staaten, was die angespannte Lage indes kaum entschärft, da dies eine Provokation gegenüber Japan darstellt. Die sogenannte Daily-Telegraph-Affäre ist noch kein allzu deutliches Vorzeichen für den Ausbruch des Ersten Weltkriegs. Doch sowohl im diplomatischen Ungeschick als auch in der weltpolitisch motivierten Aufrüstung zeigen sich durchaus wirkmächtige Weichenstellungen, die sechs Jahre später zur Urkatastrophe des 20. Jahrhunderts führen sollen.

Dagegen ist das, was die Mitglieder des Stockholmer Nobelpreiskomitees 1908 beschäftigt, eine Lappalie, ein kleineres Kapitel in der Kultur- und bestenfalls eine Randnotiz der Weltgeschichte. Doch auch diese Debatte wird von taktischen Manövern und nationalem Denken begleitet und auf diese Weise zu einem Spiegel dessen, was sich auf der großen Bühne der Politik ereignet. Mit den Streitereien rechnet kaum einer, zumal sich die Wahl des nunmehr neunten Literaturnobelpreisträgers einfach zu gestalten scheint. Denn liegt es nicht auf der Hand, dass die hohe Ehre in diesem Jahr der schwedischen Schriftstellerin Selma Lagerlöf zusteht? Lagerlöf ist seit ihrem Roman *Die wunderbare Reise des kleinen Nils Holgersson mit den Wildgän-*

sen ungeheuer populär und wird in diesem Jahr auch noch fünfzig Jahre alt. Nichts spricht also gegen Lagerlöf – nichts bis auf Carl David af Wirsén. Er ist nicht nur der Ständige Sekretär des Komitees, sondern auch Literaturkritiker, und als solcher hat er Lagerlöf und ihr Werk schon mehrfach verspottet. Dass nun eine Autorin einer, wie er meint, bestenfalls kindischen Literatur derart geehrt werden soll, mobilisiert in ihm jeden Widerstand. Und damit beginnt ein Gezerre, mit dem zugleich viel über eine auch von persönlichen Interessen und Vorlieben geleitete Entscheidungsfindung des Nobelpreiskomitees erzählt wird. Denn um Lagerlöf zu verhindern, setzt Wirsén jetzt auf den englischen Dichter Algernon Swinburne, der durchaus mit Unterstützern rechnen, wenn auch nicht auf die Mehrheit der Stimmen setzen darf. Swinburne wird also zum Schein-Kandidaten. Er dient vor allem dazu, eine Art Gleichgewicht zweier möglicher Anwärter herzustellen, um dann den Blick auf einen alternativen Kandidaten zu lenken. Das ist im Jahre 1908 der deutsche Philosoph Rudolf Eucken.

Nach Theodor Mommsen 1902 wäre das in der noch jungen Geschichte dieser Auszeichnung nicht nur der zweite Deutsche, sondern zudem ein weiterer Preisträger, dessen Werk sich weniger durch literarische oder poetische Qualität auszeichnet. Zumindest die Herkunft spielt bei Eucken keine große Rolle. Denn der deutsche Philosoph wird in Skandinavien stärker wahrgenommen und weit mehr geschätzt als in seiner Heimat. Seine Werke wie die *Grundlinien einer neuen Lebensanschauung* werden kurz nach Erscheinen ins Schwedische übertragen; zudem haben seine religionsphilosophischen Schriften im schwedischen König Oskar II. einen treuen Leser. Auch vor diesem Hintergrund darf es nicht verwundern, dass Eucken auf Vorschlag eines Kollegen von der Universität Göteborg auf die Vorschlagsliste geraten ist.

In der Debatte wird Eucken mehr und mehr zur akzeptablen Kompromisslösung. Aber noch etwas spricht für den Denker aus Deutschland. Wie nur wenige andere Kandidaten scheint Eucken in seinen Schriften jene idealistische Gesinnung zu vertreten, die der Schwedischen Akademie durch das Testament von Alfred Nobel zur Leitlinie geworden ist. Mehr noch: Idealistisch erscheint ihnen als das Gegenteil von naturalistisch oder pessimistisch. Das Motiv wird damit zum geeigneten Kampfbegriff gegen eine bedeutende literarische Strömung der Zeit. Und darauf wird in der Verleihungsrede vom 10. Dezember 1908 besonders abgehoben: Von einem „hoffnungsvollen Wiedererwachen des Idealismus" ist die Rede; aber nicht allein in Deutschland, sondern – wie es fast ein wenig beschwörend heißt – überall „in den anspruchsvollsten und freiesten Bereichen der zivilisierten Welt". Darin scheint inmitten nihilistischer Krisenzeiten ein Kulturoptimismus Gestalt anzunehmen, der hinreichend belegt werden kann: im Quellenstudium früherer Denker. Kein wirklicher Fortschritt ist danach „ohne gewissenhafte Prüfung der Hinterlassenschaft unserer Vorfahren" denkbar. Und so könne nicht jeder Beliebige „wieder bei Null anfangen, um darauf gleichfalls von einem anderen beliebigen abgelöst zu werden". Der Kulturidealismus stellt sich im Denken Euckens jenem Kulturzerfall entgegen, der in den Strömungen der Epoche des Fin de Siècle rauschhaft in Mode kommt.

Vor aktuellen Problemen verschließt Eucken keineswegs die Augen. Doch macht gerade dieser Befund sein Umdenken noch dringlicher, das er in seiner *Einführung in die Hauptfragen der Philosophie* einen „neuen Aufstieg" nennt und dazu mit einigem Pathos ausführt: „Retten kann uns nur eine geistige Vertiefung und eine gründliche moralische Erneuerung, ohne sie ist unsere Zukunft ohne Hoffnung. Aber wenn damit unser Weg voraussichtlich durch Zeiten der Not führen wird, und wenn wir die Menschen oft sehr gering schätzen müssen, unser Glauben und auch unsere Hoffnung geht nicht auf den bloßen Menschen, diesen Zwitter der Bildung, sondern auf das Geistige und das Göttliche in dem Menschen; nur dieses kann seinem Streben einen Halt gewähren."

Vor allem solche Aussagen überzeugen das Nobelpreiskomitee von Rudolf Euckens Werken – Aussagen, die ein geschlossenes System vermissen lassen und wegen ihrer mangelnden Methodik in großen Teilen der deutschen Wissenschaft auch nicht ernsthaft diskutiert werden. Der Verfasser selbst will sein Denken auch vielmehr als eine „Philosophie der Aktivität" verstehen, die in fast tausend Schriften – darunter prosaische Essays, Einführungen und Aufsätze – auf die vermeintlichen Zeichen der Gegenwart antwortet. Veröffentlichungen wie *Der Kampf um einen geistigen Lebensinhalt* von 1896 und *Der Wahrheitsgehalt der Religion* (1901) finden sich darunter, *Grundlinien einer neuen Lebensanschauung* 1907 und im Jahr der Preisverleihung die beiden Werke *Geistige Strömungen der Gegenwart* sowie *Der Sinn und Wert des Lebens*. Obwohl Harald Hjärne in seiner Verleihungsrede den neuen Preisträger als einen „bemerkenswerten Denker unserer Zeit" preist, vermisst man in der Präsentation dieses Denkens die Überzeugung des Komitees. Denn dass das Werk des Gelehrten nicht im Einzelnen dargestellt werden könne, wird mit „Zeitmangel" begründet sowie der „Schwierigkeit des Gegenstandes für den, der sich mit den meisten seiner Forschungsgebiete nicht eingehend beschäftigt hat".

Zu den Motiven seines Werkes gehört – beim „Gesamtanblick des Lebens" – der permanente Widerstreit von Geist und Natur des Menschen. Wobei alles Geistige sich als überlegen gibt; „es verlangt das Leben zu führen". Es sind hohe, schwebende Begriffe, mit denen Eucken seine Überzeugungen den Wirren der Zeit entgegenstellt. Unter anderem der von der „Beseelung" des Menschen, mit dem er den Aufstieg des Menschen zu selbstständiger Geistigkeit zu beschreiben sucht.

Rudolf Eucken, 1846 im ostfriesischen Aurich geboren, hat keinen gradlinigen akademischen Weg beschritten. Nach seinem Studium der Philosophie in Göttingen und anschließend Berlin geht er zunächst in den Schuldienst. Ab 1867 ist er Gymnasiallehrer in Husum, in Berlin sowie in Frankfurt am Main, ehe er 1871 als Ordinarius der Philosophie und Pädagogik erst an die Universität in Basel und drei Jahre später in Jena berufen wird. Dort pflegt er bald engere Kontakte und Freundschaften mit Künstlern und Intellektuellen. Zu den Freunden des Hauses zählen unter etlichen anderen der Lyriker Stefan George und der österreichische Dramatiker Hugo von Hofmannsthal, auch der Komponist Max Reger. Nicht erst mit der Nobelpreisverleihung müht sich Eucken, über nationale Grenzen hinaus zu denken und zu wirken. In besonderer Weise wird ihm das in den skandinavischen Ländern gelingen; er lehrt als Gastprofessor aber auch in England 1911 sowie zwischen 1913 und 1914 in den USA.

Das ändert sich allerdings schlagartig mit dem Ausbruch des Ersten Weltkriegs. Rudolf Eucken stellt sich nun auf die Seite jener, die sich für die nationale Idee begeistern lassen. Schon früher ist in seinen Werken oft vom Kampf für hohe Ziele zu lesen gewesen. Im Handeln hat er einen „vagen Idealismus" zu erkennen geglaubt. Und genau dazu scheint jetzt die richtige, zumindest geeignete Stunde zu schlagen. So findet sich der Name Rudolf Eucken auch auf der Liste vom sogenannten Manifest der 93, das sich als ein Aufruf an die Kulturwelt versteht. Im Oktober 1914 richten sich darin Intellektuelle des Landes an die neutralen europäischen Staaten mit dem Versuch, das Deutsche Reich von jeder Kriegsschuld freizusprechen. Dieses Manifest endet mit den Worten: „Wir können die vergifteten Waffen der Lüge unseren Feinden nicht entwinden. Wir können nur in alle Welt hinausrufen, daß sie falsches Zeugnis ablegen wider uns. Euch, die Ihr uns kennt, die Ihr bisher gemeinsam mit uns den höchsten Besitz der Menschheit gehütet habt, Euch rufen wir zu: Glaubt uns! Glaubt, daß wir diesen Kampf zu Ende kämpfen werden als ein Kulturvolk, dem das Vermächtnis eines Goethe, eines Beethoven, eines Kant ebenso heilig ist wie sein Herd und seine Scholle."

Das ist weder ein Ausrutscher noch eine unbedachte Tat aus Übereifer. Rudolf Eucken sieht sich in der Pflicht einer besonderen „Kriegsarbeit". Er hält nun – im Auftrag der deutschen Militärbehörde – Vorträge vor Soldaten; mitunter vor ganzen Garnisonen. Sechsunddreißig solcher Auftritte sind es allein im ersten Kriegsjahr. In seinen Lebenserinnerungen wird er drei Jahre nach Kriegsende weiterhin schreiben, „daß das deutsche Volk ein gutes Recht hatte in den Kampf zu gehen und sich gegen alle Angriffe zu verteidigen". Auch darum habe er, wie er betont, literarisch alle Kraft und Mühe darangesetzt, „unser Volk in der Kriegszeit zu fördern". Dazu zählt er seine Abhandlung *Die weltgeschichtliche Bedeutung des deutschen Geistes,* die kurz nach Kriegsausbruch erscheint. Sein Denken wird ein nationales Denken, indem er einen „deutschen Geist" zu umkreisen und zu benennen versucht, wie in seinem Weckruf genannten Aufsatz *Deutsche Freiheit* von 1919:

„Die geistige Freiheit deutscher Art erweist sich weiter in einer eigentümlichen Gestaltung des erkennenden Denkens. Das deutsche Denken trägt den Charakter der Freiheit, insofern es sich nicht damit begnügt, eine gegebene Welt festzustellen und zu ordnen, daß es vielmehr die ganze Wirklichkeit an sich zu ziehen und sie in einen eigenen Besitz zu verwandeln strebt."

Und er untermauert die verhängnisvolle, verschwörungstheoretische „Dolchstoßlegende", mit der deutschnationale Kräfte die militärische Niederlage des Kaiserreichs auf mangelnden Rückhalt in der Heimat zurückführen, vor allem unter den Demokraten des Landes. In seinen 1921 erschienenen Lebenserinnerungen – fünf Jahre vor seinem Tod – wird er zum Ausgang des Ersten Weltkriegs dies resümieren:

„Es widerstrebt mir, den weiteren Fortgang des Krieges zu verfolgen und dem kläglichen Zusammenbruch der deutschen

Macht und des deutschen Willens nachzugehen. Das war wohl der traurigste Augenblick der ganzen deutschen Geschichte, als ein Teil des deutschen Volkes sich selbst untreu wurde und alles Gefühl für Scham und Ehre ablegte. Schweigen wir lieber von diesen traurigen Vorgängen, sie haben das deutsche Leben um weite Zeiten zurückgeworfen."

Mit solchen Aussagen wäre Rudolf Eucken selbst als Kompromisskandidat für den Literaturnobelpreis nicht denkbar gewesen. Und sie haben ihm den zweifelhaften Ruhm des unheilvollen Sehers verliehen. So heißt es in einem vom „Euckenbund" herausgegebenen Nachruf: „Rudolf Eucken hat den Zusammenbruch vorausgesagt, als wir anderen ihn weder sahen noch sehen wollten. Er hat den Beginn einer neuen Epoche der Menschheit, einer metaphysischen, prophezeit, als uns anderen oft der Mut zur Erfüllung der nächsten Pflicht des Tages fehlte."

Der Nobelpreisträger des Jahres 1908 war bei seiner Nominierung ein Außenseiter und ist es auch nach dieser hohen Auszeichnung geblieben. Ein neoidealistischer Denker, umstritten besonders in Deutschland, und zwar bereits zu Lebzeiten. Einer seiner damaligen Professoren-Kollegen an der Universität von Jena, der Biologe Ernst Haeckel, attestiert dem Preisträger zwar, schöne Bücher über höhere Ziele geschrieben zu haben, doch finde sich darunter nicht „eine einzige originale Arbeit von Wert". Die Frage, ob Eucken das nötige Format besitze, wird also nicht erst heute gestellt, da der Preisträger in Geschichten deutschsprachiger Literatur höchst selten erwähnt und in den Philosophiegeschichten allenfalls als exotische Randfigur kurz genannt wird. Das Jahr 1908 erzählt darum nicht nur die Geschichte eines Werks und seines Autors, sondern auch den mitunter besonderen Weg der Komitee-Arbeit und seiner Entscheidungsfindung.

Rudolf Eucken ist aus heutiger Nachbetrachtung auch Literaturnobelpreisträger geworden, da Selma Lagerlöf verhindert werden sollte. Dieses durch persönliche Vorlieben motivierte Taktieren schien zunächst Erfolg zu haben. Es währte indes nicht lange. 1909 wird eine literarisch weitaus überzeugendere Kandidatin gefunden: Selma Lagerlöf. Und mit der schwedischen Schriftstellerin wird zum ersten Mal einer Frau der Literaturnobelpreis verliehen.

Literatur:
Gesammelte Werke. Mit einer Einleitung hg. von Rainer A. Bast. 12 Bände. Hildesheim 2005–2008.

Paul Heyse

1830 | **15. März geboren in Berlin als Sohn eines Professors**
für klassische Philologie und einer Verwandten der Familie
Mendelssohn

1847 | **Studium der klassischen Philologie in Berlin, Kontakte zu Jakob**
Burckhardt, Adolph Menzel, Theodor Fontane, Theodor Storm u.a.,
Mitglied der Berliner Dichter-Vereinigung „Tunnel über die Spree"

1849 | **Wechsel zur Universität Bonn, Studium der romanischen Sprachen**

1850 | **Abschluss des Studiums mit Promotion und Rückkehr nach Berlin,**
erste anonyme Veröffentlichung

1852 | **Studienaufenthalt in Italien**

1854 | **Heirat mit Margaretha Kugler, Ruf nach München an**
den bayerischen Hof König Maximilians II. als Hofpoet mit
jährlicher Apanage

1855 | **Publikation seines ersten Novellenbandes, von nun an**
Veröffentlichung Hunderter von Novellen, Dramen und Romanen

1862 | **Tod seiner ersten Frau Margharetha**

1864 | **mit Tod Maximilians II. lockerte Heyse seine Bindung zum**
bayerischen Hof

1867 | **Heirat mit Anna Schubert**

1868 | **Verzicht auf die höfische Unterstützung aus Solidarität mit**
Geibel, der wegen seines Engagements für die Reichseinigung
in Ungnade fiel

1871 | **Aufnahme in den Kreis des Maximilianordens für Kunst**
und Wissenschaft

1910 | **Ehrenbürger der Stadt München**

1910 | **Nobelpreis für Literatur**

1914 | **am 2. April gestorben in München**

Paul Heyse | *ein vergessenes Kind des Glücks*

von Enno Stahl

Was für ein Widerspruch! 1910 erhielt Paul Heyse den Literaturnobelpreis, im Vorschlagstext hatte es geheißen: „Unter den
lebenden älteren Dichtern Deutschlands wird Paul Heyse allgemein fast unbestritten als der größte anerkannt." Die Ehrung
aus Stockholm war für ihn das Sahnehäubchen auf das Jahr
1910, bereits im Frühjahr war sein achtzigster Geburtstag quasi
als nationaler Literaturgedenktag begangen worden – Heyse,
ein Günstling des Glücks, auf dem Zenit seines Ruhms ... Doch
kaum ein Jahrzehnt später, nach dem Ersten Weltkrieg, war er
bereits völlig vergessen. Daran änderte auch nichts, dass Kaiser
Wilhelm II. ihn per Dekret zum Pflichtautor an deutschen
Schulen hatte etablieren wollen. Wiederkehrende Bemühungen
in späterer Zeit, durch Neuausgaben ein Publikum für Heyse
zu gewinnen, scheiterten.

Sein Fall war so tief, so sang- und klanglos, dass er verschiedentlich zum Thema von Literaturwissenschaftlern geworden
ist: Woran liegt es, dass Autoren vergessen werden, noch dazu so
nachhaltig? Bei Heyse kann man geradezu von einer „Gegenka-
nonisierung" sprechen. Sosehr er zu Lebzeiten Instanz war, so
konträr verlief die Rezeption nach seinem Tod. Heyse war im
19. Jahrhundert der beliebteste Schriftsteller Deutschlands, ein
Dichterfürst, der sich – wenn man seine Wahrnehmung in der
deutschen Öffentlichkeit in Rechnung stellt – mit einigem Recht
in der Nachfolge des großen Weimaraners sehen konnte.

Unumstritten war diese seine Position allerdings nicht. Robert Prutz, ein Autor, der noch im Vormärz politisch geprägt
worden war, sah in ihm hellsichtig „den poetischen Repräsen-
tanten unserer gegenwärtigen Reactionsepoche". Wohl zu

Recht attestierte er Heyse, der seit seinem vierundzwanzigsten Lebensjahr vom bayerischen König mit einem Jahressalär von 1000 Gulden als Hofpoet unterhalten wurde, einen Mangel an echten Lebenserfahrungen, die allein erst ihm tiefere Empfindungen und wahre Leidenschaft eröffnen könnten.

Dass Heyse mehr als jeder andere deutsche Autor zur Zielscheibe für die Naturalisten wurde, kann nicht verwundern. Er galt ihnen als „Scheinkünstler", der Journalist und Sozialschriftsteller Conrad Alberti wetterte 1899 gar: „er ist ein Symbol, die plastische Verkörperung der ganzen sittlichen Verkommenheit der deutschen Bourgeoisie (…). Heyse lesen, heißt ein Mensch ohne Geschmack sein – Heyse bewundern, heißt ein Lump sein." Otto Julius Bierbaum nahm ihn zwar gegen die unmäßigen Angriffe der Naturalisten in Schutz, spottete aber gleichzeitig über Heyse als „unser Goethchen". Und für Thomas Mann war er, angesichts von acht Romanen, über sechzig Theaterstücken, fast 150 Novellen, mehreren Gedichtbänden sowie zahlreichen Übersetzungen aus verschiedenen romanischen Sprachen, „der sonnige und fast unanständig fruchtbare Epigone".

Das Nobelkomitee hatte für all diese kritischen Stimmen keine Ohren. Wie der Ständige Sekretär der Schwedischen Akademie Carl David af Wirsén in seinem Gutachten formulierte, war die Tatsache, Paul Heyse auf der Kandidatenliste zu finden, „als erwachte unsere Jugend und die Zeit unserer besten Jahre wieder, und wir erinnern uns, welchen Genuß uns Heyses Novellen bereiteten". Die Freude war so groß, dass das Komitee Heyse den Mitgliedern der Akademie gleich als alleinigen Kandidaten für den Nobelpreis vorschlug, mit einer einzigen kleinen Einschränkung. Denn schon damals wurde darüber gespottet, dass der Nobelpreis von sehr alten Männern an andere sehr alte Männer vergeben werde. Daher hieß es im Testat weiter, falls die Schwedische Akademie ablehne, Heyse zu küren, da man „auf Grund seines Alterns nach menschlichem Ermessen kaum erwarten kann, daß er noch neue Zeugnisse seiner Begabung erbringen wird", solle stattdessen Maurice Maeterlinck der Auszeichnung teilhaftig werden. Die Akademie hatte aber keine Bedenken gegen den Greis Heyse, und der belgische symbolistische Dramatiker und Prosaist Maeterlinck, der damals europaweit Furore machte, bekam den Nobelpreis ein Jahr später.

Wie Wirsén in seiner Preisrede klarstellte, galt dieser Preis nicht Heyses Bühnenwerken oder Romanen (die teilweise unter „Naturalismus-Verdacht" standen, eine Richtung, die Wirsén mit aller Kraft bekämpfte), sondern ausdrücklich den Novellen, in denen Heyse auch heutiger Ansicht nach seine größte Könnerschaft bewies. Er sei, so Wirsén, „der Schöpfer einer letzten Form der psychologischen Novelle", ein Diktum, das allerdings sehr an den Tatsachen vorbeigeht. Noch weniger verständlich ist, dass Heyse für Wirsén „der größte lebende Lyriker Deutschlands" war. Angesichts eines Arno Holz, einer Else Lasker-Schüler und des gerade aufkommenden Expressionismus wirkt dieses Einschätzung beinahe wie Hohn, etwa wenn man sich dieses Gedicht Heyses zu Gemüte führt:

März-Veilchen

Im Lenz, im Lenz,
Wenn Veilchen blühn zuhauf,
Gib acht, gib acht,
Da wachen die Tränen auf.

Im Herbst, im Herbst,
Fiel alles Laub vom Baum.
Ach, Lieb' und Glück
Vergangen wie im Traum!

Gib acht, gib acht,
So ist der Dinge Lauf:
Blumen und Wunden
Brechen im Frühling auf.

Vielleicht sollte man, statt darüber zu reflektieren, warum Heyse so schnell vergessen wurde, eher einmal die Frage erörtern, wie er überhaupt so sehr zu Ruhm gelangen konnte. Seine Novellen sind hübsch gebaut, sie orientieren sich an der von der italienischen Renaissance überlieferten Form, und oft operieren sie mit ähnlichen Sujets, zu großem Teil spielen sie sogar in Italien. Das heißt auch, womit Heyses Novellen sicher nichts zu tun haben, ist seine eigene (soziale) Gegenwart. Sein Italienbild kann man ebenfalls kaum eines übergroßen Realismus zeihen. Entweder zeigt es eine verklärte Ländlichkeit oder widmet sich historisch vergangenen Etappen. Wie bei Boccaccio, in dem Heyse seinen großen Meister sah, geht es um die Liebe in all ihren Winkelzügen und Facetten. Doch fehlen Heyses Novellen die Drastik und die damit verbundene harsche Gesellschaftskritik des florentinischen Originals. Heyses Produktion wendete sich, Zustimmung erheischend, an „ein in gesicherten Verhältnissen lebendes, bürgerliches Publikum, […] es wollte sich über Not oder Aufruhr keine Gedanken machen, vielmehr nur auf diskrete Weise unterhalten, rühren und zuweilen auch belehren lassen, indem es sich herzergreifende oder amüsante, manchmal auch tragische Geschichten erzählen ließ" (Geneviève Bianquis). Erstaunlicherweise galt Heyse seiner bürgerlichen Leserschaft lange als Vertreter moderner Psychologie und Erotik, ja sogar als Moral- und Gesellschaftskritiker, was uns heute einige Rückschlüsse auf die überkommenen Vorstellungen dieser spätbiedermeierlichen Sozialklientel zu ziehen erlaubt.

Ästhetisch gesehen, fügte Heyse der Renaissance-Novelle kaum etwas hinzu. Zwar waren Stil und Erzählweise im 19. natürlich weiter gediehen als im 14. Jahrhundert, dem Anfang der europäischen Erzählliteratur. Aber Heyse übernahm relativ ungebrochen die holzschnittartige Figurenzeichnung der italienischen Renaissance-Novelle (die dort wohlgemerkt durchaus einen kritischen Sinn hatte) – ein Beispiel: In *Die Geburt der Venus* (1900) schreibt er: „Da sie eine häßliche kleine Person war und nur so viel Vermögen besaß, um mit bescheidenem Anspruch davon leben zu können, war sie unvermählt geblieben." Das ist sehr vordergründig, statt die Hässlichkeit über Umschreibungen in der Fantasie des Lesers aufscheinen zu lassen, wird diese Eigenschaft hier direkt formuliert. Es entsteht kein Bild, keine Vorstellung. Auch vor Stereotypen über sein geliebtes Italien schreckte er nicht zurück, die „Witwe von Pisa" aus der gleichnamigen Novelle von 1865 ging, wie es heißt, immer früh zu Bett; „da sie, wie die meisten Italienerinnen völlig ungebildet war und höchstens einen französischen Roman in der Übersetzung las, langweilte sie sich entsetzlich, sobald es dunkel wurde und sie nicht mehr aus dem Fenster sehen und sich bewundern lassen konnte". Das sind als Ironie kaschierte Ressentiments, wie sie Heyses spezifische Leserschaft wohl teilen mochte in ihren Klischeebildern des Landes, wo die Zitronen blühen.

Die wahrhaft großen Autoren seiner Zeit verfuhren anders, schon die deutschen Romantiker verfügten über deutlich mehr Nuancen auf ihrer erzählerischen Palette, ganz zu schweigen von den französischen Romanciers Stendhal, Balzac, Flaubert, Zola, die vor Heyse oder zeitgleich mit ihm wirkten. Heyse war kein Neuerer, sondern ein Mann der Restauration.

Bei ihm standen theaterhaft zugespitzte Konflikte im Zentrum, die sich zu einem abstrakten Moralproblem auswuchsen. Dieses wurde aber nicht durch komplexe Prozesse im Innenleben der Figuren gelöst, sondern durch die Dramaturgie. *Beim Mädchen von Treppi* (1855) führt ein Liebestrank das Paar endlich zusammen; es ist kein Ergebnis des Hin- und Herwogens der Gefühle, dass etwa die Gestaltung verschlungener seelischer Entwicklungsgänge die Protagonisten schließlich dahin brächte. Es handelt sich also *gerade nicht* um psychologisches Erzählen. Die Beweggründe, Gedanken und Einstellungen der Personen werden nie zwischen den Zeilen vermittelt, sondern stets wörtlich ausgesprochen – unterkomplex wie sonst nur in reiner Unterhaltungsliteratur. Tatsächlich ist das aber einer bewussten Strategie des Autors geschuldet: Während, wie er kritisch anmerkt, „in unserer kunstgewandten Zeit alles so glatt und blank, (…) so in lauter Stil und Form verwandelt" sei, „daß der Gegenstand einem oft ganz entschwindet, das Was vor dem Wie vergessen wird und wir vor lauter psychologischen Finessen des Erzählers uns fast gar nicht mehr um die Menschen bekümmern", räumte Heyse dem Stoff allerhöchste Priorität ein: „Ich dagegen stehe noch auf dem veralteten Standpunkt, daß mir in jeder Geschichte die Geschichte selbst die Hauptsache ist." In der Tat war diese Position 1870, als er sie äußerte, veraltet. Deutlicher konnte Heyses antimoderne Haltung gar nicht zum Ausdruck kommen, gleichzeitig aber auch die Grenzen, die seinem Kunstansatz gesetzt waren. Der selbsternannte Dichterfürst verkannte die Entwicklung, die die Literatur der Moderne nehmen sollte.

Auch durch eigene poetologische Interventionen versuchte er, seine Stellung zu befestigen – ausgehend von Boccaccios berühmter *Falkennovelle* entwickelte er seine Theorie („Falkentheorie"), nach der jede gelungene Novelle einen solchen „Falken" beinhalte, ein Dingsymbol, das den zentralen Gehalt des Textes in sich berge. Doch erschienen schon wenig später Novellen wie Thomas Manns *Tod in Venedig* oder Robert Musils *Drei Frauen*, die sich keineswegs darauf reduzieren lassen, sondern weit über das schlichte Formrepertoire und Instrumentenbesteck Heyses hinausgehen.

Die Zeitverhaftetheit seiner Literatur zeigt sich schon darin, dass die Konfliktlagen immer gemäß den damals herrschenden Konventionen entschieden werden – anders etwa als Fontanes *Effi Briest*, die deren Gültigkeit zumindest einmal infrage stellte. In der *Stickerin von Treviso* (1869) etwa soll Attiglio Buonfigli die Tochter der verfeindeten Familie Scarpa heiraten, um Frieden zwischen den Städten Treviso und Vicenza zu stiften. Aus Vernunft erklärt er sich dazu bereit, verliebt sich aber brennend in die einige Jahre ältere Stickerin Giovanna. Ihr zuliebe will er die Heirat aufgeben und stattdessen sie ehelichen, was Giovanna jedoch verweigert, weil sie den Frieden nicht gefährden will. In der Nacht vor Attiglios Hochzeit kommt es trotzdem zum außerehelichen Geschlechtsverkehr. Die Strafe dafür folgt auf dem Fuße: Attiglio wird an seinem Hochzeitstag bei einem festlichen Turnier tödlich verletzt, Giovanna wird über Nacht zur Greisin. Die Storyentwicklung regelt alles im Sinne der obwaltenden Moralvorstellungen, die weder Sex ohne Ehe noch die Beziehung eines Mannes mit einer älteren Frau vorsahen. Heyse orientierte sich stets an den traditionellen Werten, das reicht bis in seine Sprache hinein: Sauberkeit, Ordnung, Familie, Moral und Vaterland. Nur die Liebe kann da (kurzzeitig) etwas durcheinanderbringen, muss aber häufig mit Verlust, Verzicht oder Tod dafür bezahlen.

Einige typische Novellenszenarien Heyses: In *Die Witwe von Pisa* (1865) macht ein Architekt einer lasterhaften Hausbesitzerin den Hof, um während seines Pisa-Aufenthalts die begehrte Wohnung mit großem Arbeitstisch nutzen zu können. Als die – vermeintlich verwitwete – Dame zudringlich wird, flieht er auf eine kleine Insel, wo er den für tot gehaltenen Ehemann trifft, es ist ein Komponist, der sich lediglich zurückgezogen hatte, um, frei von den Nachstellungen seiner Gattin, an einer Oper arbeiten zu können. Der Knoten löst sich, Ende gut, alles gut.

In *L'Arrabiata* (1853) geht es um Laurella, eine abweisende Schöne, welche die Männer meidet, weil sie erlebte, wie der Vater ihre Mutter misshandelte. Als sie aber die Sanftmut des Fischers Antonio erkennt, den sie schwer verletzt hatte, pflegt und heiratet sie ihn. Happy End auch hier. Mitunter sind die Erzählungen voller Tragik wie in *Die Einsamen* (1857). Die Liebenden Tommaso und Lucia können nicht zusammenkommen, da ein dunkles Geheimnis zwischen ihnen steht. Tommaso hatte einst Lucias Bruder Nino, seinen besten Freund, ertrinken lassen, weil dieser sich gegen ihrer beider Verbindung gestellt hatte.

Etwas interessanter ist die Novelle *Andrea Delfin* (1859), stilistisch ausgefeilter als die vorgenannten Texte. Die Schreckensherrschaft des venezianischen Triumvirats rottete einst das Geschlecht Candiano nahezu aus, doch einer von ihnen überlebte und übt – nach seiner Wiederkehr – grausame Rache. Weil Tyrannenmord in der Heyse'schen Weltsicht nicht sanktioniert ist, endet auch diese Erzählung tragisch: Der Rächer erdolcht aus Versehen einen engen Freund, den die Inquisitoren selbst hatten aus dem Weg räumen wollen. So wurde der Richter zum Werkzeug der Reaktion und scheidet darob freiwillig aus dem Leben.

Man sieht, Heyse würde heute einen guten Drehbuchschreiber abgeben, wie ein solcher neigte auch er zur Serienproduktion, was die Qualität seiner späteren Texte minderte. Nicht nur deshalb konnte er – so wie Fritz Martini (in der *Neuen Deutschen Biographie*) schrieb – „weder bewußtseins- noch dichtungsgeschichtlich eine historisch produktive Bedeutung" gewinnen. Zu sehr war Heyse an seine Zeit und seine Klasse gebunden. Der sozialistische Theoretiker Franz Mehring brachte seine Rolle treffend auf den Punkt, Heyse sei „seiner Abkunft und seiner ganzen Vergangenheit nach so völlig eingesponnen in die Vorstellungen der herrschenden Klassen, dass ihm der Gedanke völlig fernliegt und auch fernliegen muss, sie zu durchbrechen. Deshalb treibt ihn sein schöpferisches Vermögen als Dichter nicht aus ihnen heraus, sondern immer tiefer in sie hinein. Er bohrt sich bis zu ihren letzten Konsequenzen durch und sieht nicht einmal die Grenze, wo Vernunft zum Unsinn und die Tragik zur – Komik wird."

Nach der großen Kunstwende, dem Infragestellen sämtlicher tradierter Formen durch die historische Avantgarde, folgte die fürchterliche Zeitenwende des Ersten Weltkriegs. Danach war von der Welt, für die Heyse schrieb, nichts mehr übrig. Dass er in Vergessenheit geriet, war daher nur zwangsläufig.

Literatur:
Gesammelte Werke. Reprint, bislang 29 Bände. Hildesheim: Georg Olms 1984–2015. Aktuell erscheinen zahlreiche Einzelwerke als eBooks.

Sekundärliteratur:
Roland Berbig, Walter Hettche (Hg.): Paul Heyse. Ein Schriftsteller zwischen Deutschland und Italien. Frankfurt am Main u.a.: Peter Lang 2001.

Gerhart Hauptmann

1862 | **15. November geboren in Bad Salzbrunn (Schlesien)
als Sohn eines Hotelbesitzerehepaars**

1880-82 | **Kunststudium an der Breslauer Königlichen Kunst-
und Gewerbeschule**

1883 | **Italienreise, Bildhauer in Rom**

1884 | **Übersiedlung nach Berlin, dort zwei Semester immatrikuliert**

1885 | **Heirat mit der Kaufmannstochter Marie Thienemann,
drei Söhne; Kontakte zu naturalistischen Kreisen**

1889 | **Gründung des Vereins „Freie Bühne", dort Uraufführung des
sozialkritischen Dramas** *Vor Sonnenaufgang*

1892 | **Uraufführung** *Die Weber*, **zunächst im schlesischen Dialekt,
Verbot beider Fassungen**

1894 | **Trennung von seiner Frau, Beziehung zu Margarete Marschalk,
die er 1904 heiratete**

1901 | **Übersiedlung nach Agnetendorf (Riesengebirge)**

1906 | **Sechsbändige Gesamtausgabe seiner Werke im Fischer-Verlag**

1912 | **Nobelpreis für Literatur**

1924 | **Ehrenmitgliedschaft in der Akademie der bildenden Künste
in Wien; Orden Pour le Mérite (Friedensklasse)**

1928 | **Eintritt in die Preußische Akademie der Künste (Sektion
Dichtkunst)**

1932 | **USA-Reise, Ehrendoktorwürde der Columbia University,
Empfang im Weißen Haus**

1933 | **Rückzug aus dem öffentlichen Leben, seine Werke werden
weiter veröffentlicht, aufgeführt und verfilmt**

1946 | **am 6. Juni gestorben in Agnetendorf**

Gerhart Hauptmann | *der Einzug der Moderne*

von Enno Stahl

1902 und 1906 war Gerhart Hauptmann bereits nachdrücklich vorgeschlagen gewesen und wurde beide Male abgelehnt, man beanstandete den „krassen Naturalismus", „einen erschrecken-den Individualismus", ja einen „nach Krankenhaus riechenden Symbolismus". 1912 war es so weit, er wurde mit dem Nobel-preis bedacht. Was war geschehen?

Nun, tatsächlich war Hauptmanns Inthronisierung Zeichen einer neuen Epoche in den Annalen des Nobelpreises. Carl Da-vid af Wirsén, der allmächtige Ständige Sekretär der Schwedi-schen Akademie, war just in diesem Jahr verstorben. Seit 1894 hatte Wirsén diese Schlüsselposition innegehabt und die Sache der Stiftung energisch betrieben: „Er beherrschte die Akademie. Und die Akademie beherrschte ihn, Tag und Nacht, in einer Art gegenseitiger Besessenheit. Sitzungen, Debatten, Wahlen, Ent-scheidungen, Protokolle, Annalen der Akademie – das war sein Leben", so beschrieb es der schwedische Literaturhistoriker und Nobelpreis-Chronist Gunnar Ahlström. Wirséns Engagement war jedoch keineswegs wertneutral, vielmehr legte er bei der jährlichen Kandidatenkür sein gesamtes Gewicht in die Waag-schale, um die Entscheidungen in seinem Sinne zu beeinflussen. Und das heißt vor allem: gemäß einer ziemlich autoritären Welt-anschauung, deren Fundamente Gott, König und Moral waren. Wirsén führte einen beständigen Kampf gegen die Laster der modernen Zeit, Gottlosigkeit, Materialismus oder gar Sozialis-mus – literarisch war der Naturalismus einer seiner Hauptgeg-ner. Durch eine geschickte Besetzungspolitik, wenn die Wahl neuer Akademie-Mitglieder anstand, war es ihm während seiner Amtszeit zumeist gelungen, seine Vorstellungen durchzusetzen.

Erst mit seinem Tod wurde der Weg für Hauptmann, den Protagonisten des deutschen Naturalismus, frei. Doch wurde er nicht unbedingt für seine bahnbrechenden Arbeiten in diesem Kontext ausgezeichnet – ein Drama wie *Die Weber,* das nicht ganz frei von sozialistischen Gedanken zu sein schien, konnte die Akademie ihm kaum gewogen stimmen. Zwar erwähnte der Interimssekretär Hans Hildebrand es in seiner Preisrede explizit, doch nur um dann darauf hinzuweisen, dass Hauptmann den frühen Ruhm, den er durch dieses Stück errungen hatte, durch zahlreiche weitere Arbeiten gerechtfertigt habe. Dann nannte Hildebrand weitaus harmlosere Werke Hauptmanns, das Stück *Hanneles Himmelfahrt, Die versunkene Glocke* und den religiösen Roman *Der Narr in Christo Emanuel Quint.*

Tatsächlich hatte Hauptmann sich inzwischen die mystisch-spiritualistischen Tendenzen eines Hofmannsthal, eines George oder Rilke anverwandelt. Dieser gewisse Eklektizismus, die Vielseitigkeit seiner Muse, quasi „ein Mädchen für alles" zu sein, das habe ihm nach Ahlström letztlich den Nobelpreis 1912 eingebracht, der zudem auch wieder – fast schon eine schöne Tradition – auf einen runden Geburtstag, Hauptmanns fünfzigsten, fiel.

Zu diesem Zeitpunkt verkörperte der einstige Stürmer und Dränger schon recht eindrucksvoll die Rolle des Dichterfürsten, mit genieästhetischem Anspruch und Absage an die revolutionären Positionen seiner Frühzeit. Eine sozialdemokratische Zeitung in Schweden, die ihn interviewte, wurde herbe enttäuscht: Hauptmann negierte jeglichen politischen Anspruch seiner Literatur, mehr noch – beide, Kunst und Politik, schlössen sich per se aus: „In dem Maße, wie es politisch ist, hört es auf, Kunst zu sein. Ich verstehe wohl, was Sie über ‚Die Weber' denken. Aber dieses Drama ist ein rein künstlerisches Dokument und hat nichts mit Gesellschaftskritik zu tun." Wenn man bedenkt, dass dieses Stück mehrfach verboten wurde und zu revolutionären Manifestationen geführt hatte, verwundert diese Aussage schon sehr.

Auch sonst zeigte Hauptmann sich als politisch eher wetterwendisch. In seiner Dankesrede zur Nobelpreisverleihung am 10. Dezember 1912 kündete er noch seherisch: „Eine dem Kriege dienende Kunst oder Wissenschaft sind nicht das Letzte und Echte; das Echte und Letzte ist, was vom Frieden geboren wird und den Frieden gebiert." Keine zwei Jahre später fand er sich unter den Propagandisten des Ersten Weltkriegs, was ihm unter anderem den Roten Adleroden IV. Klasse von Kaiser Wilhelm II. einbrachte, der bis dahin nicht gerade zu seinen Freunden und Gönnern gehört hatte. Im November 1918 verflog die Kriegslust, stattdessen solidarisierte Hauptmann sich mit den republikanischen Kräften. 1933 unterzeichnete er eine Loyalitätserklärung für die neuen Machthaber und ersuchte um Aufnahme in die NSDAP, was aber (eventuell aufgrund einer zwischenzeitlichen Mitgliedersperre nach der „Machtergreifung") abgelehnt wurde.

Auch sonst war Hauptmanns Rolle im NS-Reich etwas zwiespältig, einerseits versuchte man ihn wegen seines hohen Bekanntheitsgrades im Lande zu halten, andererseits hatte die Zensur ein Auge auf seine Werke. Nichtsdestotrotz wurden ihm zum achtzigsten Geburtstag große Ehrungen zuteil, 1944 nahm ihn Adolf Hitler in die Gottbegnadeten-Liste auf, dazu setzte er ihn auf eine Sonderliste der „Unersetzlichen Künstler". Auf dieser Liste standen nicht mehr als fünfundzwanzig schöpferisch tätige Personen, die von den Nationalsozialisten als „überragendes nationales Kapital" angesehen wurden. Ein Jahr nach Kriegsende, 1946, verstarb Hauptmann. In Polen war er weniger wohl gelitten. Trotz Intervention der Sowjetbehörden, die ihn wegen seines als sozialistisch verstandenen Frühwerks schätzten, wollte man nicht einmal Hauptmanns Beerdigung in seinem Geburtsort erlauben und verzögerte den Transport der Leiche nach Hiddensee, wo er heute begraben liegt, um fast zwei Monate.

1912 war das noch alles Zukunftsmusik. Hauptmann stand auf dem Höhepunkt seiner Wirksamkeit. Mit dem als „soziales Drama" ausgewiesenen *Vor Sonnenaufgang*, uraufgeführt am 20. Oktober 1889 durch den kurz zuvor gegründeten Theaterverein „Freie Bühne", war Hauptmann schlagartig bekannt geworden. Das Stück war, wie er selbst mehrfach betonte, sprachlich beeinflusst von Arno Holz' und Johannes Schlafs ebenfalls 1889 erschienener Novelle *Papa Hamlet*. Besonderheiten von Hauptmanns Drama waren der soziale Determinismus, typisch für den Naturalismus, und die Sprache, die den Personen schichtenspezifische Dialekte und Sprechmuster zuweist. Beides übernahm Hauptmann wohl von Büchners *Woyzeck*, den er sehr schätzte und der damals in seiner ganzen Modernität noch nicht erkannt worden war.

Ein regelrecht stilbildendes soziales Schauspiel war *Vor Sonnenaufgang* aber noch nicht, Hauptmanns Jugendfreund Otto Pringsheim kritisierte bei aller Zustimmung in einem Brief: „Du mußt nun in Deinem nächsten Drama die eigentliche soziale Frage behandeln, die am Horizont des Sonnenaufgang nur wetterleuchtet." Dies gelang Hauptmann eindeutig mit *Die Weber* (1892), einem Stück, das sich des historischen Weberaufstands von 1844 annahm. Diese Elendsrevolte hatte europaweit für Aufsehen gesorgt und literarisch unter anderem Heines berühmtes Gedicht „Die schlesischen Weber" angeregt. Hauptmanns Vorteil war, dass die Ereignisse sich in der unmittelbaren Nachbarschaft seines Heimatortes abgespielt hatten, er kannte Land, Leute und ihre Redeweise von kleinauf. Die Situation der Weber war ihm vertraut, sein eigener Großvater, so heißt es im Vorspruch des Textes, sei in jungen Jahren ebenfalls in diesem harten Beruf tätig gewesen. Das Drama ist fast komplett in schlesischem Dialekt gehalten, was die Welt der kleinen Leute unmissverständlich abbildet. Geschildert wird die bittere Armut der Weber, deren Gewerbe im Zuge der Industrialisierung, durch die Einführung mechanischer Webstühle, aber auch durch makroökonomische Prozesse immer mehr an Boden verlor. Gleichzeitig erfuhren die Handwerker eine überaus drastische Ausbeutung vonseiten der reichen Fabrikanten und Tuchhändler. Die Not der schlesischen Weber war immens, weswegen der eine, der berühmte Aufstand von 1844 nicht der letzte blieb. Das erklärte auch den spektakulären Erfolg und die Sprengkraft des Stücks, da die darin wiedergegebenen historischen Zustände für das Proletariat von 1892 unverändert bittere Realität waren.

Die Misere, die hier angesprochen wurde, brachte ausgerechnet der Berliner Polizeipräsident Bernhard von Richthofen perfekt auf den Punkt: „In grellen Zügen wird geschildert, wie die armselige Weberbevölkerung trotz angestrengter und gesundheitszerstörender Arbeit den kärglichsten Lebensunterhalt nicht mehr erwerben kann. Nicht sowohl der (…) Umstand, daß in einigen Fabriken mechanische Webstühle eingeführt worden, sondern die gewissenlose Habsucht der reichen Arbeitgeber ist als Ursache des bis zur Unerträglichkeit gesteigerten Elendes der Arbeiterschaft hingestellt. (…) Darum erscheint die bewaffnete Erhebung der unterdrückten Arbeiterschaft hier als die unabweisbare Folge der sozialen Mißstände, die Betheiligung am Aufstande ist als die Pflicht des tüchtigen Mannes hingestellt." Sein überaus treffendes Gutachten diente ihm allerdings zum Zwecke des Verbots des Stücks. 1893 durften *Die Weber* zunächst nur in einer Privatvorstellung gezeigt werden, erst 1894 kam es zur ersten öffentlichen Aufführung in Deutschland. Zu diesem Zeitpunkt war das Drama längst zum Welterfolg geworden, am 23. Mai 1893 war es als erstes deutschsprachiges Stück nach dem Krieg von 1871 in Paris aufgeführt worden, Émile Zola hatte die Proben begleitet.

Es ist wenig verwunderlich, dass auch die sozialdemokratischen Kreise das Stück vehement begrüßten. Für sie stellte es „das erste revolutionäre Drama unserer Literatur" dar. Das aber war vielleicht ein Irrtum. Denn sein Autor wehrte sich nicht erst im oben zitierten Interview nachdrücklich gegen diese Vereinnahmung, im Prozess um das Theaterstück ließ er über seinen Anwalt erklären, er sähe darin „eine Herabwürdigung der Kunst. Ein Kunstwerk und nichts Geringeres war mein Ehrgeiz", allenfalls könne man ihm vorwerfen, „daß die christliche und allgemein menschliche Empfindung, die man Mitleid nennt, mein Drama hat schaffen helfen". Auch spätere Interpreten wie Bertolt Brecht sahen *Die Weber* als pessimistisches Schicksalsdrama, nicht als politisch motivierte Aufforderung zur Revolte. Schon Theodor Fontane hatte die Widersprüchlichkeit mit feinem Nerv erkannt, als er formulierte: „Es ist ein Drama der Volksauflehnung, das sich dann wieder, in seinem Ausgange, gegen die Auflehnung auflehnt."

Wie Hauptmann selbst und auch sein Frühwerk nun politisch zu positionieren sind, das ist nicht leicht zu entscheiden. Seine Komödie *Der Biberpelz* (1893) zum Beispiel zeichnet die resolut-anarchische Mutter Wolffen, die – mit allen Wassern gewaschen – ihr Auskommen und ihren sozialen Aufstieg betreibt, als positive Figur. Demgegenüber fungiert der tumbe Demokratenfresser von Wehrhahn, der in seiner politischen Verblendetheit das Offensichtliche, den Diebstahl eines Biberpelzes just durch die von ihm geschätzte Mutter Wolffen, nicht sieht, als zentrale Zielscheibe des komödiantischen Spotts. Vielleicht liegt darin allerdings weniger politische Haltung als ein Einstehen für den gesunden Menschenverstand. Zudem ist bekannt, dass Personal und Handlungselemente des *Biberpelz* auf reale Vorbilder in Hauptmanns Umfeld zurückgehen. Den reaktionären Amtsvorsteher mit seinen Nachstellungen erlebte er am eigenen Leib, während er sich in Erkner bei Berlin aufhielt.

Immerhin wohnt diesen Frühdramen unleugbar die *Möglichkeit* inne, sie als stark gesellschaftskritisch zu verstehen, ob Hauptmann sie so konzipiert haben mochte oder nicht. Selbst *Hanneles Himmelfahrt* (1893), „ein entzückendes Stück" (wie Nobelpreislaudator Hildebrand befand), fußt auf einer sozial bedrückenden Situation: Die vierzehnjährige Hannele Mattern wird von ihrem Säufer-Stiefvater so traktiert, dass sie freiwillig ins eiskalte Wasser geht. Zwar wird sie zunächst gerettet und gepflegt, bekommt aber dann hohes Fieber. All die Personen, die sich um sie bekümmern, der geliebte Lehrer Gottschalk, der Amtsvorsteher Berger, der Arzt Dr. Wachler, Schwester Martha, verschwimmen mit ihren Fiebervisionen vom Himmelreich, sie sieht Engel, sieht ihre verstorbene Mutter, die sie zu sich ruft. Hier ging es nun gar nicht mehr um die Klärung eines sozialen Konflikts, wie *Die Weber* ihn aufwarfen, sondern um eine christliche Erlösungsfantasie, den Übergang aus dem irdischen Jammertal ins sorgenfreie Paradies – kein Wunder, dass *Hanneles Himmelfahrt* die Gefühle der Nobelpreisjury so sehr anrührte. Nichtsdestotrotz erregte selbst dieses Stück das Missfallen der wilhelminischen Obrigkeit, die darin einmal mehr sozialdemokratische Umtriebe witterte.

Neben seinen Dramen, denen Hauptmann vornehmlich seinen Weltruhm verdankte, erwies er sich auch als brillanter Prosaschriftsteller. Bereits ein Jahr vor dem ersten Drama, 1888, erschien in der *Gesellschaft*, der ersten naturalistischen Literaturzeitschrift, die – wie es im Untertitel heißt – novellistische Studie *Bahnwärter Thiel*, ein Glanzstück deutscher Prosa. Die Erzählung handelt von einem gutmütigen Bahnangestellten, der sich durch nichts aus der Ruhe bringen lässt, auch nicht durch seine streitsüchtige zweite Frau. So entgeht ihm gänzlich, dass sie seinen Sohn aus erster Ehe, Tobias, systematisch misshandelt. Als er durch Zufall darauf stößt, ist er nicht in der Lage, darauf zu reagieren, sondern flüchtet auf seine Arbeitsstelle. Nun beginnt ein quälender Seelenprozess für Thiel, den Hauptmann einerseits durch ein neuartiges psychologisches Erzählen bewältigt, andererseits durch die konsequente semantische Aufladung der Natur. Unheilsmotive noch und nöcher, die Sonne gießt Purpur über den Forst, die Eisenbahn, von deren Betrieb Thiel doch eigentlich sein gutes Auskommen hat, mutiert zum Dämon: „Zwei rote, runde Lichter durchdrangen wie die Glotzaugen eines riesigen Ungetüms die Dunkelheit. Ein blutiger Schein ging vor ihnen her, der die Regentropfen in seinem Bereich in Blutstropfen verwandelte. Es war, als fiele ein Blutregen vom Himmel." Die Katastrophe lässt denn auch nicht lange auf sich warten: Das Kind Tobias fällt dem Eilzug zum Opfer, Thiel verliert endgültig den Verstand und mordet seine Frau, die er für Tobias' Tod verantwortlich macht, und ihr gemeinsames Baby gleich mit – ein naturalistisches Drama auch dies.

Jedoch, Hauptmann wandelte sich mehr und mehr. Schon in seinem ersten Roman *Der Narr in Christo Emanuel Quint* (1910), der auf explizite Zustimmung der Nobelpreisjury stieß, war vom einstigen Naturalismus nicht mehr allzu viel zu spüren, ging es doch in diesem Porträt eines Wanderpredigers eher um eine religiöse Satire, eine Art neuzeitliche Jesus-Darstellung. Oder auch eine Don-Quijote-Version – was bei Cervantes' Helden der Ritterroman, ist hier die Bibel, deren ausschließliche Lektüre zu einer sektiererischen Verirrung bei Emanuel Quint führt.

Nur zu deutlich mischten sich völkische Töne in sein Werk. In seinem Buch *Griechischer Frühling* von 1907 beschreibt Hauptmann seine erste Reise ins geliebte Griechenland, wobei ihn eher die antiken Relikte interessieren. Wenn die dortige Bevölkerung ihm überhaupt zusagt, dann nur, wenn sie im Kern deutschen Tugenden und Phänotyp entspricht: ein Schmied „blauäugig, blond und von durchaus kernigem deutschem Schlag", ein Mädchen „blauäugig und von zart weißer Haut: ein großer, vollkommener deutscher Kopf". Auch an „Blut"-, „Boden"- und „Rasse"-Gedanken mangelt es nicht.

Es ist daher verständlich, dass Kritiker wie Franz Mehring und Karl Kraus, die ihn zu Anfang sehr verehrten, ab 1913 immer mehr von Hauptmann abrückten. Mehring diagnostizierte ernüchtert, dass Hauptmann jegliche historische oder philosophische Bildung abginge, er vielmehr „seine Begabung gerade nur in der mikroskopisch feinen und kleinen Beobachtung der alltäglichen Wirklichkeit bekundet hat".

Hauptmanns späteren Werken, etwa dem *Eulenspiegel-Versepos* (1928), dem Roman *Im Wirbel der Berufung* (1936), der Novelle *Mignon* (1947) oder der *Atriden-Tetralogie* (1940–48), wird heute nicht die Bedeutung seines Frühwerks zugemessen, das weiterhin die Kronzeugenschaft für den literarischen Naturalismus innehat, demgemäß im Schulunterricht eine Rolle spielt und auch auf deutschen Bühnen weiter zu Hause ist. Man kann sagen, Haltung und Gesinnung dieser frühen Schriften waren stärker als die des Autors selbst.

Literatur:
Sämtliche Werke. Centenar-Ausgabe zum 100. Geburtstag des Dichters. Hg. von Hans-Egon Hass, fortgeführt von Martin Machatzke (Band 10/11) und Wolfgang Bungies (Band 10). Bände 1–11. Frankfurt a.M., Berlin: Propyläen 1962–1974.

Sekundärliteratur:
Friedhelm Marx: Gerhart Hauptmann. Stuttgart: Reclam 1998.
Peter Sprengel: Gerhart Hauptmann. Bürgerlichkeit und großer Traum. Eine Biographie. München: Beck 2012.

Carl Spitteler

1845 | **24. April geboren in Liestal (Kanton Baselland)**

1863 | **Studium der Rechtswissenschaften in Zürich**

1865 | **Wechsel zur Theologie, ab 1867/68 in Heidelberg,
1869–71 in Basel**

1871 | **Erzieher in Russland**

1879 | **Rückkehr in die Schweiz, Unterricht an höheren Schulen,
erst in Bern (1879–81), dann in La Neuveville (1881–85)**

1880/81 | *Prometheus und Epimetheus,* **sein erstes Hauptwerk**

1890–92 | **Feuilletonredakteur der** *Neuen Zürcher Zeitung*

1892 | **ab 1892 aufgrund des Vermögens seiner Frau unabhängig
und nur noch für die Literatur lebend**

1905-10 | **Veröffentlichung** *Olympischer Frühling* **(4 Bände),
ein 20.000-Zeilen-Epos**

1914 | **historische Rede „Unser Schweizer Standpunkt",
die ihn schlagartig berühmt machte**

1920 | **Nobelpreis für Literatur (für das Jahr 1919)**

1924 | **am 29. Dezember gestorben in Luzern**

Carl Spitteler | *ein neuer Prometheus*

von Enno Stahl

„Es war ein trüber Tag. Kein Hauch, kein Atem ging
Im Stummen Nebel, der erstaunt vom Himmel hing.
Und scheuen Seitenblickes, mit erhobener Zehe,
Stockten die leisen Stunden, witternd Schicksalsnähe,
Und Schweigen horchte hinterm Hag und bang Erwarten.
Da wandelte in seinem herbstentlaubten Garten
Prometheus glückversonnen und gedankenschwer
In lässigem Schlenderschritte stetig hin und her."

Ein Epos, 180 Seiten lang Alexandriner, also jenes klassische
Versmaß aus sechshebigen Jamben – 1924, als Spittelers *Prometheus der Dulder* erstmalig erschien, im Todesjahr des Dichters, stand eine solche Form wahrlich nicht unter Avantgarde-
verdacht. Eher könnte man, Nobelpreis hin oder her, schweres
Epigonentum befürchten. Nach den antiken Urbildern (*Ilias*
und *Odyssee*) waren mit Goethes *Hermann und Dorothea* sowie
Heines *Atta Troll* und *Wintermärchen* zwar noch einmal mo-
dernisierte Versepen erschienen, jedoch nach Naturalismus
und Expressionismus, erst recht nach dem Aufkommen von
Futurismus, DADA und Surrealismus musste diese literarische
Form hoffnungslos veraltet wirken.

 Und doch: Carl Spitteler, der auch Dramen, Novellen, Romane und zahlreiche Feuilletons verfasste, sah in den Versepen
die Krone seines Schaffens. Er bemühte sich allerdings in keiner
Weise, den antiken oder neuklassischen Werken nachzueifern,
sondern verfolgte ganz eigene Zwecke und Pläne, so eigensin-
nig, wie es vielleicht nur ein freigeborener Eidgenosse ver-
mochte. Denn in Spittelers *Prometheus und Epimetheus* (1881),

dem Hauptwerk *Olympischer Frühling* (1905) und dem bereits erwähnten Spätwerk *Prometheus der Dulder* (1924) geht es keineswegs um die Darstellung einer gradlinigen Handlung, also um den dramatischen Vordergrund, und noch weniger, wie die Titel vielleicht vermuten lassen, um die Gestaltung antiker Stoffe. Nein, Spittelers Epen sind symbolistische Allegorien, die ganz neuzeitliche philosophische, ästhetische und ethische Fragen verhandeln. Dazu später mehr.

Zunächst einmal ein Blick auf die Geschichte der Nobelpreisverleihung: Spitteler erhielt den Preis für das Jahr 1919, der allerdings erst 1920 verliehen wurde. Denn eigentlich hatte die Schwedische Akademie 1919 den Lyriker Erich Axel Karlfeldt küren wollen. Dieser aber war zu jener Zeit Ständiger Sekretär der Akademie und wollte den Verdacht einer Verflechtung von Amt und Auszeichnung gar nicht erst aufkommen lassen. Auch waren seiner Meinung nach mit Selma Lagerlöf (1909) und Verner von Heidenstam (1916) in den letzten Jahren bereits genügend Schweden damit bedacht worden, sodass er mit Rücksicht auf kritische Stimmen aus dem Ausland verzichtete.

Mit Carl Spitteler wurde nun nicht unbedingt ein Lückenbüßer gefunden, denn der Schweizer Autor hatte zwar nur einen kleinen Leserkreis, war aber weltweit bekannt. 1912 hatte dem Komitee das erste Gutachten über ihn vorgelegen, und schon damals hatte man ihn als würdigen Kandidaten erachtet. An der idealistischen Ausrichtung speziell seines Werkes konnte wahrlich kein Zweifel bestehen. Er wurde seitdem regelmäßig wieder vorgeschlagen.

Wieso er den Nobelpreis erst einmal nicht bekam, das hatte mit einer bahnbrechenden Rede zu tun, die Spitteler unter dem Titel „Unser Schweizer Standpunkt" am 14. Dezember 1914 in Zürich hielt, in voller Länge abgedruckt von der *Neuen Zürcher Zeitung,* die weltweites Aufsehen erregte.

Große öffentliche Auftritte waren Spittelers Sache eigentlich nicht. Doch der Erste Weltkrieg hatte auch in der Schweiz die öffentliche Meinung in Mitleidenschaft gezogen, mehr und mehr schien sich eine Propagandaschlacht zwischen den deutsch- und französischsprachigen Landesteilen zu entwickeln; während Erstere Partei für das Kaiserreich ergriffen, favorisierten Letztere die Entente. Als der bedeutende Schweizer Maler Ferdinand Hodler im Oktober 1914 gegen die deutsche Bombardierung der Kathedrale von Reims protestierte, zog er sich wütende Reaktionen aus der Deutschschweiz zu. Spitteler verteidigte Hodler mit einem Artikel im *Luzerner Tageblatt* und rief zur Mäßigung auf. Doch die Konflikte verschärften sich. Das bewog Spitteler schließlich dazu, auf die Einladung der Neuen Helvetischen Gesellschaft zum Vortrag in Zürich einzugehen, die er zuvor mehrfach abgelehnt hatte. Denn ihm war klar, was auf dem Spiel stand. Magnus Wieland, Betreuer des Spitteler-Nachlasses im Schweizer Literaturarchiv, hat in einem Artikel beschrieben, wie intensiv Spitteler an seinem Manuskript gefeilt hat, aus über einhundert Manuskriptseiten habe er letztlich den endgültigen Text kondensiert, Wieland spricht gar von „gedanklichen Schlachtfeldern, bei denen Sätze dezimiert und einzelne Passagen wie Truppen auf dem Papier verschoben werden". Diese Sorgfalt merkt man dem Text heute noch an, und sie war damals mehr als erforderlich, denn Spitteler betrat mit seiner Rede ein diskursives Minenfeld.

Mit sicherem Gespür hatte er erkannt, welche Gefahr der Schweiz durch den „Stimmungsgegensatz" zwischen deutschsprachigem und französischsprachigem Teil entstand. Zunächst einmal hielt er fest, dass es der Schweiz schon rein aus logischen Erwägungen nicht viel nütze, sich auf eine bestimmte Seite zu schlagen, Staaten seien keine idealen Gebilde, die ethischen Ansprüchen genügten, sondern „jeder Staat raubt, soviel er kann. Punktum. Mit Verdauungspausen und Ohnmachtanfällen, welche man ‚Frieden' nennt." Eine verlässliche Völkerfreundschaft gebe es daher nicht, auch nicht zu Deutschland: „Bei aller herzlichen Freundschaft, die uns im Privatleben mit

Tausenden von deutschen Untertanen verbindet, bei aller Solidarität, die wir mit dem deutschen Geistesleben pietätvoll verspüren, bei aller Traulichkeit, die uns aus der gemeinsamen Sprache heimatlich anmutet, dürfen wir dem politischen Deutschland, dem deutschen Kaiserreich gegenüber keine andere Stellung einnehmen als gegenüber jedem andern Staate: die Stellung der neutralen Zurückhaltung in freundnachbarlicher Distanz diesseits der Grenze."

Dass diese Haltung im Propagandakrieg nicht eben einfach einzunehmen war, die Schweiz vielmehr in Kontrast gerade zu Deutschland bringen konnte, war offensichtlich: „Der patriotisch Beteiligte ist ja von dem guten Recht seiner Sache heilig überzeugt und ebenso heilig von dem schurkischen Charakter der Feinde. Alles in ihm, was nicht schmerzt, was nicht hofft und bangt, was nicht weint und trauert, knirscht Empörung. Und nun kommt einer, der sich neutral nennt, und nimmt wahrhaftig für die Schurken Partei! Denn ein gerechtes Urteil wird ja als Parteinahme für den Feind empfunden. Und kein Verdienst, kein Ansehen, kein Name schützt vor der Verdammnis. Im Gegenteil. Dann erst recht. Denn dann wird einem neben Untreue und Verrat noch Undank vorgeworfen." Besonders die letzten Worte Spittelers waren nachgerade prophetisch. Das waren exakt die Vorwürfe, mit denen man ihn in Deutschland konfrontierte, des Undanks etwa angesichts der großen Reklame, die man für ihn gemacht habe, zieh ihn die *Kölnische Rundschau.*

Für besondere Erbitterung sorgte – und auch hier hatte Spitteler in der zitierten Passage die Wirkung seiner Worte perfekt antizipiert –, dass er seinen (Deutsch-)Schweizer Zuhörern auseinanderlegte, es gebe für sie keinen Grund, die Feinde Deutschlands gleichfalls zu verteufeln. Mit Frankreich teile man die „Gemeinsamkeit der politischen Ideale, die Gleichheit der Staatsformen, die Ähnlichkeit der gesellschaftlichen Zustände". Und England gar sei überhaupt „der zuverlässigste

Freund der Schweiz". Dazu erinnerte er an das Verhalten Deutschlands gegenüber Belgien, das als neutraler Staat von deutschen Truppen als Aufmarschgelände missbraucht worden war, Massaker an der Zivilbevölkerung inklusive. Dieser kritische Einwurf komplettierte das Verdikt über „Spitteler, den Franzosenfreund" (*Kölnische Rundschau*). Ihm aber ging es aus berechtigten Gründen allein um die Einheit der Schweiz, der Schlimmes gedroht hätte, wenn es nicht gelungen wäre – und zwar nicht zuletzt aufgrund seiner Rede, die bis heute als Fundament des spezifischen Schweizer Neutralitätsverständnisses gilt –, die inländischen Spaltungsprozesse zu stoppen.

In Deutschland war die Aufregung groß, für Spittelers Stellung als Autor bedeutete das einen herben Rückschlag, die reaktionäre *Kreuzzeitung* schrieb am 23. Dezember 1914 in maßloser Übertreibung: „Karl [sic!] Spitteler sieht also das Kainszeichen auf unsrer Stirn, er nennt uns Geiferer und vergleicht uns den Mördern … Sein Urteil unterscheidet sich in nichts von dem der gehässigsten unserer Gegner." In Frankreich dagegen verstand man ihn so, als habe er für die Alliierten Partei ergriffen, was so auch nicht stimmte, denn tatsächlich pochte Spitteler auf absolute Neutralität. Man sieht, in Zeiten der Propaganda sind unparteiische Äußerungen nicht vorgesehen, oder anders gesagt: Auch sie werden automatisch Partei!

Spitteler war sich dieses Problems nur zu deutlich bewusst. Und es spricht für ihn, für seine Charakterfestigkeit, seine innere Unabhängigkeit und Unerschrockenheit, dass er alles für seine Überzeugungen aufs Spiel setzte – verprellte er, als deutschsprachiger Autor, doch sehenden Auges den größten Teil seiner Leserschaft.

Auch der Nobelpreis rückte für ihn erst einmal in weite Ferne, weil das Komitee Deutschland und Österreich Spitteler als Preisträger nicht zumuten wollte. Als 1920 hingegen, nach Krieg und Zusammenbruch des Kaiserreichs, Spitteler zahlreiche Ehren zu seinem fünfundsiebzigsten Geburtstag erhielt, stand der Verleihung des vakanten Nobelpreises von 1919 an ihn nichts mehr im Wege.

Zurück zu seinen Versepen: Man kann sagen, sie präsentieren Gedanken des 20. Jahrhunderts im Kleid des frühen 19. Jahrhunderts, und das ist fast ein bisschen tragisch. Denn Spittelers Ideenwelt war weitaus fortschrittlicher, als die Verwendung der antiken Formen es vermuten lassen würde. Sein *Prometheus und Epimetheus* präsentierte einen Typus des Übermenschen zwei Jahre vor Nietzsches *Zarathustra*. Zwischen beiden Werken existieren inhaltliche Parallelen, auch in Ton und Duktus gibt es Ähnlichkeiten. Nietzsche kannte und schätzte Spitteler, sie korrespondierten miteinander, und 1908 legte er in der eigenen kleinen Schrift *Meine Beziehungen zu Nietzsche* Rechenschaft darüber ab.

Spittelers erstes Epos ist noch nicht in Alexandrinern gehalten, doch ist diese Prosa wenn nicht metrisch, so doch rhythmisch stark gebunden, es handelt sich um eine hochsymbolische, ja erratische Rede, nicht ohne Pathos vorgetragen. Der Text erzählt die Geschichte der Brüder Prometheus und Epimetheus: Während Ersterer die Königswürde ausschlägt, die ihm der Engel Gottes, allerdings im Tausch für seine Seele, andient, kommt Epimetheus diesem Ansinnen nach und wird Herrscher über sein Volk. Prometheus geht in die Einöde, und erst als er alt und krank ist, sieht der Engel Gottes seinen Fehler ein. Prometheus, der nun, nachdem Epimetheus verstoßen ist, dessen Thron erben könnte, verzichtet aufgrund seines Greisentums und bleibt Berater des letzten verbliebenen Kindes des Engels Gottes. Der Text enthält zahlreiche Abschweifungen, eingestreute Erzählungen und Nebenpfade, er verschließt sich einer einfachen Deutung.

Konzentrierter, teils auch nachvollziehbarer ist *Prometheus der Dulder*, die Neubearbeitung des 40 Jahre früher entstandenen ersten Prometheus-Epos, nun in strenger Metrik. Genauso wie in der ersten Fassung geht es zentral um die Kontroverse zwischen dem (hier zusammengeschriebenen) „Engelgottes", der bedingungslose Unterwerfung unter sein Tugendgesetz fordert, und der Freiheit der menschlichen Seele. Jetzt ist der stark reduzierte Text ganz auf Prometheus zugespitzt. Er wird zum Prototyp des schöpferischen Menschen – und steht damit durchaus für Spitteler selbst –, der sich einer kulturpessimistisch gezeichneten Außenwelt gegenübersieht und ganz auf sich gestellt um sein Werk ringt. Die gemeine Realität muss er vollständig ausblenden, um zu reüssieren. Wie ein Motto für Spitteler selbst können diese Verse stehen: „Nicht halber Anfang! Alle Hebel angesetzt! / Nicht Rast noch Urlaub, bis Vollendung reift zuletzt! / Nicht seitwärts schielen! Die gesamte Welt vergessen! / Kein Glück begehren als vom Werke zugemessen!"

Natürlich besitzen diese Werke etwas Zirkuläres: In ihrer Essenz thematisieren sie genau jenen einsamen Schaffensweg, fernab von jeder literarischen Produktion der Zeitgenossenschaft, den ihr Schöpfer Spitteler wählen musste, um sie zu schaffen. Als Zeugnis und als Resultat desselben bleiben sie monolithisch, unverbunden mit Gesellschaft und Welt der Menschen. Es ist also ein hermetischer Kreis, den Spitteler hier entworfen hat, und die Problematik des kreativen Geistes interessiert inzwischen eher Hirnforscher als Leser. Heutige Literaturinteressierte sträuben sich gegen die antikisierende Form, selbst in seinem Heimatland ist der einzige genuine Schweizer Literaturnobelpreisträger weitgehend vergessen. In seiner Konzentration auf das Epos hat Spitteler eine unglückliche Entscheidung getroffen, salopp gesagt: Er hat aufs falsche Pferd gesetzt.

Das zeigen nämlich besonders seine erzählerischen Texte: Ganz vorzüglich etwa sind seine Novellen, die zumeist Schweizer Themen, Landstriche und Leute behandeln, und hier speziell die latente Gewalttätigkeit, die der vermeintlichen Idylle innewohnt. Die Erzählung *Xaver Z'Gilgen* zum Beispiel berichtet einen historischen Fall, wie der Titelheld eine Frau aus dem

Tessin heiratet, sie über alles liebt, bis sie „aus Übermut und Kurzweil" von einigen „lustigen Burschen aus Luzern" erschlagen wird. Z'Gilgens grimmige Versuche, Recht zu bekommen, werden ihm von der Justiz als Hochmut ausgelegt, der sich darin zeige, „daß er ein großes ‚Wesen' von dem Totschlag machte, ungeachtet derselbe doch nur von trunkenen Nachtbuben zur Kurzweil an einem hineingeschleppten ennetbergischen Mädchen verübt worden war". Als auch noch das gemeinsame Kind Speranza „an einem Steinwurf, den sie in der Kurzweil mit fröhlichen Knaben erhalten", verscheidet, brennen bei Xaver Z'Gilgen alle Sicherungen durch. Wegen Gotteslästerung verfällt er Folter und Tod. Der Rassismus jedoch, der diese Menschen letztlich ums Leben brachte, waltet in der Gegenwart fort, wie Spitteler durch die geschickte Einbindung in eine Rahmenhandlung deutlich macht.

In der wunderbar geschriebenen Pseudo-Idylle *Friedli der Kolderi* lässt der titelnde Bauernbursch einen ihm nicht genehmen deutschen Touristen in den sicheren Tod im Gebirge laufen. In *Der Salutist* wird das Auftauchen der Heilsarmee in der Schweiz beschrieben, auch sie trifft zunächst auf Gewalt, der Uhrmacher Grosjean, der sich hierbei besonders hervortut, verliebt sich dann allerdings unsterblich in Betty Smith, Hauptmännin der Heilsarmee, und begibt sich in ihren Dienst. Als sie jedoch einen anderen erwählt, bringt er sie um. Der Schlusssatz dieser Novelle verrät recht schön Spittelers spezifisch sarkastische, oft ein wenig kulturskeptische Ironie: „Die Geschworenen waren zufällig gebildete, gefühlvolle und billig denkende Männer; und da sie ein besonderes Mitleid mit dem armen, betörten Uhrmacher empfanden, erklärten sie ihn einstimmig für schuldig in allen Punkten, ohne mildernde Umstände, um die Unabhängigkeit ihres Urteils von ihrer Rührung zu beweisen."

Das Thema des schöpferischen Menschen steht auch im Mittelpunkt von Spittelers Roman *Imago* (1906). Sigmund Freud benannte danach seine *Imago. Zeitschrift für Anwendung der Psychoanalyse auf die Geisteswissenschaften,* vermutlich weil in dem Roman das Ich des Protagonisten im Zentrum steht und sich in verschiedenste Personifikationen seiner selbst separiert: Das Herz, die Seele, die Fantasie, der Verstand, der stolze Ritter, der Löwe, die „Strenge Frau" (seine Muse) – alle besitzen ihre eigene Stimme und melden sich hier und da zu Wort.

Victor, Hauptfigur des Romans, trägt stark autobiografische Züge, wird doch in etwa das erzählt, was Spitteler widerfuhr, als er nach acht Jahren Aufenthalt in Russland 1879 wieder in die Schweiz zurückkehrte. Ebenso wie Prometheus die Königswürde opfert, verzichtete Victor einst auf Theuda, die Frau, die er liebt, bzw. beschied sich auf Befehl der „Strengen Frau" mit Imago, einer spirituellen Verkörperung der Geliebten. Die echte Theuda, inzwischen glücklich verheiratet, mutiert für ihn nun zur „Pseuda", mit der er sich heftige Duelle liefert. Victor verfällt, ohne es sich einzugestehen, dem Liebeswahn, dessen Fieberkurve hier in allen Facetten geschildert wird.

Der Roman ist stilistisch auf der Höhe der Zeit, flüssig, zumeist aus personaler Perspektive, doch werden, wie kurz zuvor bei Arthur Schnitzler, innere Monologe eingeschaltet, bisweilen auch längere Briefpassagen, oft findet Spitteler außergewöhnliche Wendungen, um die Stimmungslage seines Helden zu illustrieren: „Allein, die ganze Lustigkeit war nur Kinderball auf dem Verdeck; unten in der Kajüte stöhnte ein gestochener Mann, und das war der Kapitän."

Carl Spitteler ist nicht der einzige Nobelpreisträger, der in Vergessenheit geriet, ihm geschieht damit, zumindest teilweise, Unrecht. Neben der herausragenden Prosa, die auch aktuelle Leser begeistern kann, bleiben seine Epen wenigstens für literaturhistorisch Interessierte noch von Belang.

Literatur:

Gesammelte Werke. Hg. im Auftrag der Schweizerischen Eidgenossenschaft von Gottfried Bohnenblust, Wilhelm Altweg und Robert Faesi. 10 Bände. Zürich: Artemis 1945–1958.
Imago. Frankfurt/M.: Suhrkamp 1990.
Meistererzählungen. Zürich: Manesse 1990.
Zahlreiche Bücher Spittelers werden neuerdings als eBooks angeboten, auch Gesammelte Werke (etwa bei AsklepiosMedia, Dinslaken), zahlreiche Einzeltitel bei Jazzybee (Altenmünster) oder Tredition (Hamburg).

Sekundärliteratur:

Werner Stauffacher: Carl Spitteler. Biographie. Zürich, München: Artemis 1973.
Roger Scharpf: Carl Spitteler (1845–1924) und die Anfänge der modernen Erzählkunst in der Schweiz. Bern u.a.: Peter Lang 1999.

Thomas Mann

1875 | 6. Juni geboren als zweites Kind des Unternehmers
Johann Thomas Heinrich Mann und seiner Frau Julia in Lübeck,
Bruder von Heinrich Mann

1891 | Tod des Vaters; Auflösung des Familienunternehmens

1893 | Übersiedelung der Familie nach München

1894 | Abgang von der Schule mit mittlerer Reife, erste literarische
Veröffentlichungen

1897–98 | mit Heinrich Mann in Rom und Palestrina

1898–1900 | Redakteur des *Simplicissimus*

1901 | *Buddenbrooks. Verfall einer Familie*

1905 | Heirat mit Katia Pringsheim, sechs Kinder, u.a.: Klaus, Erika, Golo

1915 | Abbruch der Beziehungen mit Heinrich Mann aufgrund
politischer Differenzen

1918 | *Betrachtungen eines Unpolitischen*

1922 | Aussöhnung mit Bruder Heinrich

1929 | Nobelpreis für Literatur

1933 | Emigration über Sanary-sur-Mer in die Schweiz

1936 | Aberkennung der deutschen Staatsbürgerschaft,
Erwerb der tschechischen Staatsbürgerschaft

1938 | Übersiedelung in die USA, Gastprofessur an der
Universität Princeton

1944 | amerikanischer Staatsbürger

1947 | erste Europa-Reise nach dem Krieg

1949 | Reden im Goethe-Jahr in Frankfurt und Weimar

1952 | Rückkehr von Thomas, Katia und Erika Mann in die Schweiz

1955 | am 12. August gestorben in Zürich

Thomas Mann | *der „Universalschriftsteller"*

von Enno Stahl

Kaum eine Nobelpreisvergabe dürfte so unumstritten sein wie die an Thomas Mann. Die Verleihung ereilte den Dichter im Jahr 1929, als er weltweit auf dem Zenit seines Ruhmes angelangt war – eine Höhenplattform, die er bis zum Ende seines Lebens nicht mehr verlassen musste.

Spektakulär daran war allerdings, wofür Mann die Auszeichnung *nicht* bekam! Mit einem geradezu sprichwörtlichen Mangel an literaturgeschichtlichem Weitblick hatte die Schwedische Akademie ihn explizit nicht für seinen weltweit gepriesenen Jahrhundertroman *Der Zauberberg* geehrt, sondern, wie es in der Begründung der Akademie heißt, „im wesentlichen für seinen großen Roman ‚Buddenbrooks', der sich in den verflossenen Jahren immer mehr als ein klassisches Meisterstück der zeitgenössischen Literatur erwiesen hat".

Natürlich waren die *Buddenbrook*s ein Opus magnum, aber ihr Erscheinungsdatum lag 1929 bereits ganze 28 Jahre zurück, *Der Zauberberg,* 1924 erschienen, war in aller Munde. Der Laudator, Literaturprofessor und Akademiemitglied Fredrik Böök dagegen sagte nach vielen lobenden Worten über Manns Erstling nur so viel dazu: „Seine späteren Werke, vor allem aber der Roman ‚Der Zauberberg', zeugen von dem Kampf der Ideen, den seine [Thomas Manns] dialektische Natur auszufechten hatte, ehe er zu einem klaren Standpunkt kam." *Der Zauberberg,* unstreitig einer der bedeutendsten Romane des 20. Jahrhunderts, war nach dieser Lesart also nur Ausdruck zwischenzeitlicher Verwirrung!

Ein Zufall war diese beiläufige Abqualifizierung nicht. Sie entsprach der Überzeugung der Komitee-Mitglieder; das Gutachten des damaligen Präsidenten der Schwedischen Akademie, Per Hallström, fällte ein unmissverständliches Urteil: „Dieses Werk unter den mehreren nobelpreiswürdigen Meisterstücken des Autors einzureihen, kann nicht zur Debatte stehen." Er betrachtete den Roman in seiner künstlerischen Konzeption als verfehlt.

Thomas Mann – trotz aller Freude über die Auszeichnung – ärgerte diese Nichtachtung, an André Gide schrieb er 1930 über den *Zauberberg*: „Das Amüsanteste ist, daß der Stockholmer Literaturprofessor und Kritiker Böök, der bei der Verteilung des Literaturnobelpreises ausschlaggebenden Einfluß hat, es seinerzeit öffentlich für ein künstlerisches Unding erklärt hat und daß ich den Preis ausschließlich oder doch ganz vorwiegend für meinen Jugendroman ‚Buddenbrooks' erhalten habe. Das ist wenigstens die Auffassung der Akademie, die aber ganz offenbar im Irrtum ist."

Zur Ehrenrettung der Akademie soll erwähnt werden, dass sie ihr Urteil später revidierte, tatsächlich war 1948 sogar erwogen worden, Mann für sein Spätwerk, *Joseph und seine Brüder* und den *Zauberberg*, ein zweites Mal mit dem Literaturnobelpreis zu bedenken. Dazu kam es nicht, da eine nochmalige Verleihung mit den Statuten nicht vereinbar schien. In einer Jubiläumsschrift zum fünfzigsten Jahrestag der Nobelstiftung 1949 jedoch erfuhr der vormals verfemte *Zauberberg* – spät, aber besser als nie – eine ausdrückliche Würdigung: „Der Wert dieses enzyklopädischen Romans ist mit der Patina der Jahre nur gewachsen; auf seine Weise steht er dem Jugendroman, den Thomas Mann der großbürgerlichen Familie seiner Heimatstadt Lübeck gewidmet hat, zweifellos nicht nach."

Thomas Mann, Autor und Mensch, ist bis heute ein Mythos. Wie kaum ein Schriftsteller seiner Zeit ist er mit Geschichte und Selbstbild seiner Nation verbunden, und immer sind es gerade die politischen Gesten Manns, die mehr noch als seine Werke eine Auseinandersetzung mit ihm auslösten. Zunächst war es sein nationalkonservatives Bekenntnis *Betrachtungen eines Unpolitischen* (1918), das aufgeklärte Zeitgenossen erregte, nicht zuletzt seinen eigenen Bruder Heinrich, gegen den sich das Buch untergründig richtete. Später jedoch, 1922, verwarf Mann seine vormalige Position und bekannte sich aufrichtig zur Demokratie der Weimarer Republik. In zahlreichen Vorträgen und Aufsätzen warnte er vor dem aufkommenden Nationalsozialismus. Kurz nach Hitlers Ernennung zum Reichskanzler verließ er Deutschland, zunächst im Zuge einer Vortragsreise, die sich dann aber zu einem jahrzehntelangen Exil auswuchs. Mann, der aus sehr begütertem Hause stammte und durch seine frühen literarischen Erfolge stets einen luxuriösen Lebensstil pflegen konnte, sah sich mit einem Male herausgedrängt aus seiner großbürgerlichen Existenz. Allerdings litt er, obwohl die Nationalsozialisten sich seiner Güter bemächtigten, während seines Exils – anders als die meisten deutschen Emigranten – keine finanzielle Not. Erstaunlicherweise bezog Mann zunächst keine öffentliche Stellung gegen die neuen Machthaber, das wunderte und verärgerte viele Regimegegner, inklusive seiner Kinder Klaus und Erika, die im Widerstand aktiv waren.

Tatsächlich hatten seine Bücher in den ersten Jahren der nationalsozialistischen Herrschaft noch erscheinen können, und anscheinend hoffte er noch auf die Herausgabe seiner Besitztümer. Erst 1936 meldete er sich in einem offenen Brief in der *Neuen Zürcher Zeitung* zu Wort und solidarisierte sich mit den Deutschen im Exil. Umso reger wurden seine politischen Aktivitäten von nun an: „Kein deutscher Autor im Exil hat auch nur annähernd eine so ausgedehnte publizistische Tätigkeit entfaltet", über dreihundert Beiträge habe er im Kampf gegen das Hitler-Regime verfasst (Hermann Kurzke), unter anderem auch achtundfünfzig Reden für die BBC, die in Deutschland für die Gegenpropaganda verwendet wurden. Daneben engagierte er sich mit seiner Familie stark in der Flüchtlingshilfe, insbesondere nachdem er 1938 in die USA übersiedelt war, wo ihm die Universität Princeton eine Stelle angeboten hatte. Seine literarische Tätigkeit währte dabei unvermindert fort.

Nach dem Sieg der Alliierten über Hitlerdeutschland brüskierte er die Deutschen erneut, er wollte keinen Frieden mehr machen mit seinem früheren Heimatland, war er doch von der Kollektivschuld der Deutschen überzeugt. So geriet er in eine Kontroverse mit Vertretern der „inneren Emigration", die die Hitlerherrschaft im Land selbst überdauert hatten und nicht, wie Mann es nannte, das „Herzasthma des Exils, die Entwurzelung, die nervösen Schrecken der Heimatlosigkeit" kennengelernt hätten. Nach überstandener Lungenkrebsoperation kam er 1949 nach Deutschland und hielt seine „Ansprache im Goethejahr" nicht nur in Frankfurt am Main, sondern auch in Weimar, was ihm in Westdeutschland erneut übel genommen wurde. 1952 kehrte er zurück nach Europa, allerdings nicht nach Deutschland, sondern in die Schweiz, wo sein Exil 1933 begonnen hatte.

Die Stellung und der literarische Ruhm Thomas Manns sind bis heute ungebrochen: „Was den Umfang des wissenschaftlichen Outputs betrifft, ist die Thomas-Mann-Forschung allenfalls mit der Goethe-Forschung vergleichbar" (Julia Schöll). Er gilt manchen als „der letzte Deutsche, der letzte Bürger und der letzte Universalschriftsteller" (Hermann Kurzke). Nicht zuletzt ist diese Einschätzung auch Ergebnis einer konsequenten Selbststilisierung Thomas Manns gewesen, heute zeichnet man zunehmend ein differenzierteres Bild. Insbesondere die Veröffentlichung seiner bis dahin gesperrten Tagebücher ab 1977 habe, so Julia Schöll, eine Zäsur in der Forschung herbeigeführt, wohl auch deshalb, weil Manns (allerdings nicht ausgelebte) Homosexualität nun als gesichert gelten konnte.

Die schmerzhafte Spannung aus öffentlich aufrechterhaltenem bürgerlichen Habitus und sexueller Bedürfnissituation erklärt womöglich manche der Widersprüche, die sein Werk so nachhaltig durchziehen. Das gesunde Kaufmannstum gegen die leidende, kränklich-anfällige Künstlerseele, der blonde, blauäugige Mensch des Nordens gegen den schwermütig lethargischen Abgesandten des Südens – besonders Manns Frühwerk ist von diesen dialektischen Beziehungen stark geprägt. Doch auch später, im *Zauberberg* noch, etwa in der berühmten Auseinandersetzung zwischen Naphta und Settembrini, tauchen derartige antigonistische Positionen auf, oder im *Doktor Faustus*, da sich der Tondichter Adrian Leverkühn bewusst mit der Syphilis infiziert, um zu künstlerisch größter Meisterschaft fähig zu werden.

Man hat sich vielfach darüber gewundert, wie ein Autor, der erst einige kleinere Erzählungen veröffentlicht hatte, im Alter von 25 Jahren gleich einen solchen Wurf wie die *Buddenbrooks* hat landen können. In der Tat grenzt es an ein Wunder. Selten wohl hat ein Autor in diesen jungen Jahren schon eine solch vollendete Meisterschaft an den Tag gelegt, nicht nur was den Stil und die souverän gehandhabte Form angeht; diese Verfallsgeschichte einer Familie hantiert mit einer Unzahl an Personen und organisiert zugleich enorme Stoffmassen, Fakten aus Zeit-, Alltags- und Mentalitätsgeschichte. Unendlich viele Daten und Informationen muss Mann für dieses Sittenbild gesammelt haben, um die bürgerliche Lebensart einer Zeit, die doch schon einige Jahrzehnte zurücklag, so lebendig werden zu lassen. Interieurs, Mode und Accessoires in reichhaltigster Form und Ausschmückung werden vor dem Leser ausgebreitet. Dazu spielt die Geschichte in Phasen großer historischer Umbrüche, Mann folgt seinen Figuren durch Vormärz, Revolution und Restauration. Der Roman markiert den Übergang vom patronalen Kapitalismus (für den die Familie Buddenbrook steht) hin zu neuartigem Unternehmertum, symbolisiert durch die ungleich erfolgreichere, neureiche Familie Hagenström, womit ein Niedergang des tradierten kaufmännischen Wertesystems einhergeht. Dieses hatte der alte Johann Buddenbrook für seine Nachkommen in den Satz gefasst: „Sey mit Lust bey den Geschäften am Tage, aber mache nur solche, daß wir bey Nacht ruhig schlafen können." Dieses Motto stammt übrigens vom Großvater des Autors, Johann Siegmund Mann, ihm ist im Roman die Figur des Firmengründers nachempfunden. Der Hauptteil des Buches ist dessen Enkel Thomas Buddenbrook gewidmet, hinter dem sich Manns eigener Vater verbirgt: *Die Buddenbrooks* sind bekanntlich eine unverblümte Chronik der Familie Mann, die zudem mit zahlreichen Details aus dem Leben und Wirken weiterer Honoratioren der Lübecker Kaufmannsgesellschaft gespickt ist. Für viele war das ein Skandal, eine Nestbeschmutzung. Über die Entschlüsselung der Romanfiguren kann man sich vielerorts kundig machen, Wikipedia liefert sogar fotografische Porträts der realen Vorbilder.

Dass die Schwedische Akademie das Buch aufs Äußerste goutierte, kann man sich denken: Das großbürgerliche Setting, Sittlichkeit und Kaufmannsehre der Konsuln Buddenbrooks, moralischer Imperativ und idealistische Prägung, der Roman scheint fast für das Lehrbuch nobelpreisverdächtiger Großprosa geschrieben. Der Verfallsthematik, die später immer wieder bei Thomas Mann auftaucht, wenngleich anders geartet, eignet immerhin genug Nostalgie und Bedauern über den Verlust an Tradition und Werten, obwohl Mann selbst sich über die absteigende Entwicklungslinie der eigenen Familie eher amüsierte: „Das nennt man Degeneration. Aber ich finde es verteufelt nett."

Die Buddenbrooks sind eigentlich eine typische Familiensaga, Vorbild gewissermaßen für Aberhunderte mehr oder weniger elaborierte Formate in Unterhaltungsliteratur oder TV, aber Manns Roman bietet eben ungleich viel mehr. Von Richard Wagner inspiriert ist seine spezifische Verwendung von Leitmotiven in der Literatur, die noch viel ausgeklügelter in seinen späteren Werken auftritt – hier sind es zum Beispiel bestimmte Farben, das Dekadenzsujet, die Krankheit. Besonders Letzteres, die Krankheit, ist ein Motiv, das Mann stets von Neuem fasziniert hat, er sah sie in einer fixen Beziehung zum Künstlertum, gegenüber dem kaufmännisch-robusten Normalen ist für ihn Künstlertum Abweichung und Hinfälligkeit.

Das zeigt sich auch in seiner grandiosen Novelle *Der Tod in Venedig* (1912). Es ist die Geschichte des alternden Schriftstellers Gustav von Aschenbach, der mit zähem Fleiß und Unermüdlichkeit bereits ein respektables Werk geschaffen hat. Bei einer Reise nach Venedig verliebt er sich in den polnischen Jungen Tadzio, eine späte homoerotische Neigung, die zwar rein platonisch bleibt, aber dennoch Aschenbachs mühsam errichtetes bürgerliches Weltbild ins Wanken bringt. Man kann sich unschwer vorstellen, dass auch hier wieder Erlebnisse Manns den Ausschlag für die Arbeit an der Novelle gaben.

Die „Infektion" mit der Leidenschaft macht Aschenbach erstmalig zu einem wirklich genialischen, künstlerischen Ausdruck fähig – wie im Rausch verfasst er „anderthalb Seiten erlesener Prosa" ganz ohne die handwerkliche Disziplin, die ihm bis dahin stets erforderlich war. Doch die „ungesunde" Attacke der Triebe bleibt nicht folgenlos für Aschenbach, zumal die Cholera in Venedig grassiert – er bezahlt sein letztes großes Gefühl mit dem Leben. Die Novelle spart denn auch nicht mit Todessymbolen, zumeist verkörpert durch satyrhafte, grelle Gestalten, einen betrunkenen Jüngling, der sich als fratzenhafter Greis entpuppt, einen Gondoliere oder eine Gruppe von Straßenmusikanten, die für Aschenbach ein *Memento mori* anstimmen. Der gesamte Text erweist sich als mythologisch verschlüsselte Höllenfahrt, Mann operiert mit dieser Leitmotivik ähnlich wie später Joyce in seinem *Ulysses* (1922).

Diese für Thomas Manns Routine an sich recht kurze Erzählung ist von geradezu mustergültiger Formvollendetheit, der Autor selbst bemerkte dazu nicht unkokett: „Es scheint, daß mir hier einmal etwas vollkommen geglückt ist (...). Es stimmt einmal Alles, es schießt zusammen und der Kristall ist rein."

Diesem Eigenlob kann man sich nur anschließen, die Novelle als „enge Form" verlangt erheblich mehr Konzentration und Stringenz als der Roman, bei dem ganze Textpassagen recht frei verschiebbar sind, in der Novelle ist das nicht gut möglich, hier muss alles fest gefügt und an seinem Platz sein, damit sie funktioniert. Zum *Tod in Venedig* lässt sich nur sagen: Besser machen kann man das nicht.

Das berühmteste und, wie gesagt, vielleicht auch bedeutendste Werk Thomas Manns ist der *Zauberberg*. Es ist die Geschichte des Hans Castorp, eines „einfachen, wenn auch ansprechenden jungen Menschen", wiedergegeben von einem „raunenden Beschwörer des Imperfekts", wie es bei Mann heißt. Castorp findet sich in einer luxuriösen Schweizer Lungenklinik ein, um seinen Cousin zu besuchen – aus dem geplanten dreiwöchigen Aufenthalt werden ganze sieben Jahre. Ohne dass Castorp selbst sonderlich krank wäre, bleibt er, angesteckt vom mysteriös-morbiden Klima dieses Edelsanatoriums, und lässt die üblichen Medikationen über sich ergehen. Er verliebt sich in eine russische Patientin und lauscht den Diskussionen zwischen dem philosophischen Aufklärer Settembrini und dem zersetzenden Jesuiten Naphta. Es ist die Geschichte einer Charakterbildung, im Zeichen der Krankheit. Die abgesonderte Welt des Lungensanatoriums steht – einmal mehr bei Thomas Mann – symbolisch für den Zerfall der bürgerlichen Ordnungssysteme ringsum, der schließlich im Ersten Weltkrieg mündet. Der somnambule Hans Castorp wird plötzlich in das große Schlachten hineingeworfen, das Ende des Buches beendet die Welt des *Zauberbergs*, die es selbst geschaffen hat, auf unvorstellbar brüske Weise, es ist wie das Ende der Welt, wenn es da heißt: „Wo sind wir? Was ist das? Wohin verschlug uns der Traum? Dämmerung, Regen und Schmutz, Brandröte des trüben Himmels, der unaufhörlich von schwerem Donner brüllt, die nassen Lüfte erfüllt, zerrissen von scharfem Singen, wütend höllenhundhaft daherfahrendem Heulen, das seine Bahn mit Schlittern, Spritzen, Krachen und Lohen beendet, von Stöhnen und Schreien, von Zinkgeschmetter, das bersten will und Trommeltakt, der schleuniger, schleuniger treibt ..." Hans Castorp, vom Erzähler herausgehoben, obwohl nur ein Mann ohne Eigenschaften, verliert sich nun in der amorphen Masse der Krieger. Thomas Mann stattet ihn ebenso wie den Leser mit wenig Zuversicht aus, wenn er Castorp zum Abschied mitgibt: „Fahr wohl – du lebest nun oder bleibest! Deine Aussichten sind schlecht; das arge Tanzvergnügen, worein du gerissen bist, dauert noch manches Sündenjährchen, und wir möchten nicht hoch wetten, daß du davonkommst." Auch ohne Krieg hört man da die Totenglocke, *memento mori*, das Ende ist nah ...

Literatur:

Gesammelte Werke in dreizehn Bänden. Hg. von Hans Bürgin und Peter de Mendelssohn. Frankfurt/M.: Fischer 1974.
Der Zauberberg. Frankfurt/M.: Fischer tb 2012.
Buddenbrooks. Fall einer Familie. Frankfurt/M.: Fischer tb 2012.
Der Tod in Venedig und andere Erzählungen. Frankfurt/M.: Fischer tb 2008.

Sekundärliteratur:

Hermann Kurzke: Thomas Mann. Das Leben als Kunstwerk. Eine Biographie. München: Beck 1999.
Julia Schöll: Einführung in das Werk Thomas Manns. Darmstadt: WBG 2013.

Hermann Hesse

1877 | **2. Juli geboren in Calw als Sohn von Johannes und Marie Hesse, die für die Basler Mission in Indien tätig waren**

1881 | **wohnhaft in Basel; Erwerb der schweizerischen Staatsbürgerschaft**

1886 | **Rückkehr der Familie in Hesses Geburtsstadt Calw**

1891 | **Aufnahme im evangelisch-theologischen Seminar in Maulbronn**

1892 | **Versuch eines „Ausbruchs" aus dem Klosterseminar in Maulbronn; im Juni kommt es zu einem Selbstmordversuch**

1895 | **Beginn einer Buchhändlerlehre in Tübingen**

1904 | *Peter Camenzind;* **Heirat mit Maria Bernoulli**

1906 | *Unterm Rad*

1912 | **Übersiedlung nach Bern**

1919 | **Trennung von Frau und Kindern; Hesse zieht ins Tessin**

1922 | *Siddhartha – Eine indische Dichtung*

1924 | **Eheschließung mit Ruth Wenger**

1927 | *Der Steppenwolf*

1930 | *Narziß und Goldmund*

1931 | **Heirat mit der Kunsthistorikerin Ninon Dolbin, Einzug in die „Casa Hesse" in Montagnola**

1943 | *Das Glasperlenspiel*

1946 | **Nobelpreis für Literatur**

1955 | **Friedenspreis des Deutschen Buchhandels**

1962 | **am 9. August gestorben in Montagnola**

Hermann Hesse | *der Populäre*

von Lothar Schröder

So kurzlebig literarische Trends sein mögen, so verlässlich sind die Deutschen in der Wahl ihres Lieblingsgedichts. Fast jede Umfrage unter Lesern sieht seit Jahren Hermann Hesses „Stufen" auf einem der ersten Plätze. Das ist aus zwei Gründen bemerkenswert. Erstens liegt damit ein Gedicht des 20. Jahrhunderts vor den „Evergreens" der lyrischen Blütezeit des 19. Jahrhunderts – also vor den Werken Eichendorffs und Rilkes, Fontanes, Schillers und Goethes. Und zweitens ist auf solchen Bestenlisten mit kanonischem Anspruch ein Autor ganz vorn vertreten, der sich als Erzähler verstand, weniger als Dichter, und der besonders mit seinen Prosawerken wirkmächtig wurde. Für Hermann Hesse waren Gedichte der literarische Beifang eines schöpferischen Gesamtprozesses, wenn auch ein überaus üppiger: Über eintausendvierhundert Gedichte schrieb er zeit seines fünfundachtzigjährigen Lebens; das letzte, „Knarren eines geknickten Astes", noch am Vortag seines Todes am 8. August 1962. Wobei Hesse selbst seine Lyrik keineswegs gering achtete; im Dichten fühlte er sich frei von jeder Versuchung akademisch geschulter Kunstfertigkeit. Dies spiegelt sich auch in der schlichten Sprache und einer klaren, eingängigen Formgebung. Seine Verse sind nie Kopfgeburten, sondern meist eine Form der Meditation, sind Reisen durch Seelenwelten. Auch deshalb klingen viele seiner Gedichte eigentümlich zeitenthoben, weitgehend losgelöst von stilistischen Moden und lyrischen Gattungen.

Im Mai 1941 entstehen mit den „Stufen" dann also jene Verse, die poesiealbumtauglich werden sollten und zwei Jahre später in seinem Roman über die Kraft der Schöpfung – *Das Glasperlenspiel* – zitierfähig werden: „Und jedem Anfang wohnt ein Zauber inne, / Der uns beschützt und der uns hilft, zu leben." Mitten im Zweiten Weltkrieg bedichtet und beschwört Hesse den Wandel als Sinnbild des Lebens. Ursprung und Untergang, Jugend und Tod werden überschritten und miteinander verknüpft in der Metamorphose. Nicht jeder Wandel ist gut und gelingt; doch ohne Wandel ist nichts. Das heißt aber auch: Nichts ist abgeschlossen, nichts kommt wirklich an ein Ende. Die einzige Ordnung unseres Lebens ist die der Unordnung. Allein im Wandel ruht für ihn die wahre Stabilität. Sich ihm zu fügen bedeutet, seine Kraft und seine Bedeutung wertzuschätzen. Das sagt viel über Hesses Welt- und Menschensicht, aber auch über die Selbstwahrnehmung dieses notorischen Einzelgängers, des spielerischen Doppelgängers, des Anarchisten und Rebellen.

„Stufen" mag mehr Bekenntnis als Welterkenntnis sein. Wie bei manch anderen seiner Werke auch; und es mangelt nicht an Kritikern. Seine große Popularität – beginnend schon mit frühen Werken wie *Peter Camenzind* (1904) und *Unterm Rad* (1906) – hat ihn Vertretern einer vermeintlichen Hochkultur verdächtig werden lassen, die in einer großen Leserschaft vor allem Zeichen von Banalität und Oberflächlichkeit zu erkennen glauben. „Für einen Wegbereiter der deutschen Literatur habe ich ihn nie gehalten", lautet das Verdikt des einflussreichen Literaturkritikers Marcel Reich-Ranicki (1920–2013). In „Stufen" findet sich viel von Hermann Hesse und seinem Selbstverständnis als Zeitgenosse. Zumal nach Stufen des eigenen Transzendierens den meisten Menschen in Europa mitten im Zweiten Weltkrieg nicht der Sinn gestanden haben dürfte. Doch Hesse, seit 1924 Schweizer Staatsbürger, strebt nicht nach Agitation und politischem Kampf gegen Hitler. Er gehört nur sich selbst und versucht, sich so neutral wie die Schweiz zu geben. „Wozu die Proteste", fragt er 1933. Ändern könne er – der Gewalt verachtet – ohnehin nichts. Was bleibt, ist nach seinen Worten die Hilfe für jene, „die gleich mir die ganze säuische

Machtstreberei und Politik in ihrem ganzen Tun und Denken sabotieren". Politisch vereinnahmen lässt er sich jedenfalls von keiner Seite. Und zwar aus Prinzip und Überzeugung und mit Leib und Seele – wie er es in seinem Gedicht „Absage" 1933 unmissverständlich erklärt: „Lieber von den Faschisten erschlagen werden / Als selber Faschist sein! / Lieber von den Kommunisten erschlagen werden / Als selber Kommunist sein!"

Man muss als Dichter in Zeiten von Krieg und Vernichtung nicht zwanghaft oder reflexartig seine Stimme gegen Unrecht und Leid erheben; auch Hesse verspürt eine solche Anforderung nicht. Was also macht er? Er begibt sich schreibend in die weite Zukunft. Ende 1943 erscheint mit *Das Glasperlenspiel* ein Roman, der im Jahr 2200 n. Chr. spielt und eine Art Studie der Seele und eine Utopie der geistigen Erneuerung ist. Die zeitgenössischen Leser beziehen das auf Deutschland. Auch wenn Hesse sein Buch umfassender, zeitenthobener und philosophischer versteht: Es gibt fatalere Lesarten seiner Werke als diese. Zwei Jahre vor Deutschlands vollständiger militärischer und moralischer Kapitulation versucht Hesse im Roman die Befreiung des deutschen Geistes aus nationalsozialistischer Verunstaltung. Jeder lebt darin streng eigenverantwortlich; der Geist verzichtet auf jede Ausübung von Macht.

Drei Jahre vor der Nazi-Diktatur war Hesse literarisch ins Mittelalter aufgebrochen. *Narziß und Goldmund* heißt die Erzählung von 1930, die an zwei Figuren das Leben in Kloster und Welt vorstellt, zwei Existenz-Modelle aus einem sakralen und profanen Lebensraum. Es ist eine Welt zwischen Himmel und Hölle, die in der Schilderung von Pest und Pogromen zu einem Totentanz wird. Natürlich ist auch das ein Buch und ein Versuch über Deutschland, das sich im Nachhinein prophetischer liest, als es Hesse damals möglich war. Denn darin wird im Dialog zwischen Narziß, dem Abt, und Goldmund nach dessen Rückkehr ins Kloster die Frage durchgespielt, ob man imstande wäre, Juden zu verbrennen und wenigstens den Befehl dazu zu geben. Nein, selbstverständlich nicht, sagt Narziß; doch räumt er auch ein, dass es denkbar wäre, eine solche Grausamkeit mitanzusehen und damit zu dulden. Dulden also doch? „Gewiß, wenn mir nicht die Macht gegeben wäre, es zu verhindern."

Seine Bücher sind anarchische Akte, auch jene aus früheren Jahren. Denn vereinnahmen lässt er sich weder in der Katastrophe des Zweiten Weltkriegs noch in der Urkatastrophe des 20. Jahrhunderts, im Ersten Weltkrieg, obgleich seine Lebensumstände 1914 diffuser sind. 37 Jahre ist Hesse alt, als der Krieg ausbricht. Und der bereits arrivierte Autor meldet sich als Freiwilliger, wird indes wegen „hochgradiger Kurzsichtigkeit" zurückgestellt. Dennoch: Hesse spürt so etwas wie Patriotismus und Verantwortung für Deutschlands Zukunft in sich. Doch so eindeutig ist seine Haltung nicht. Er unterstützt Deutschland zwar im Krieg, hält diesen sogar für notwendig. Zu den Intellektuellen aber, die sich im „Manifest der 93" an die Seite der Militärs stellen, gehört er nicht. Und so ruft er gleichzeitig zur Versöhnung auf, sucht früh nach Wegen für die gemeinsame Zukunft Europas und findet als Brückenschlag schließlich die europäische Kultur. Diesen Widerspruch trägt Hesse in sich aus und begreift, dass es in den globalen Kriegen des 20. Jahrhunderts eine Neutralität – so trefflich begründet sie auch sein mag – nicht geben kann.

Tatenlos bleibt er nicht. Ein Jahr nach Kriegsende erscheint zum einen *Demian*, ein Buch, das Hesse unter dem Pseudonym Emil Sinclair veröffentlicht. Dieser Entwicklungsroman – rauschhaft niedergeschrieben in weniger als zwei Monaten – erzählt die Seelengeschichte einer Jugend, die ihre Unschuld in den Schützengräben des Weltkriegs verliert. Zum anderen kommt 1919 auch *Zarathustras Wiederkehr* auf den Markt, eine kleine, gut dreißig Seiten zählende Schrift; kaum mehr als ein umfängliches Pamphlet. Doch diese an die deutsche Jugend gerichtete Flugschrift hat es in sich: Sie will eine Reinigung des

Geistes sein, indem sie den jungen Menschen alle bösen Geister auszutreiben sucht. Diese paar Seiten sind nicht weniger als die große Befreiung von Pflicht, von deutscher allzumal. Es geht auch nicht schon wieder um irgendeine Weltverbesserung. „Ihr seid aber da, um ihr selbst zu sein", ist darin zu lesen. Und: „Ihr seid dazu da, damit die Welt um diesen Klang, um diesen Ton, um diesen Schatten reicher sei. Sei du selbst, so ist die Welt reich und schön." Das ist fast eine Art zweite Aufklärung, ein neuer, eigenständiger Austritt aus selbstverschuldeter Unmündigkeit. „Es gibt keinen anderen Gott, als der in euch ist", ruft Hesse der deutschen Jugend zu. In Umfang, Ton und Erfolg erinnert dieser Aufruf von Hermann Hesse damit an die ebenfalls erfolgreiche Schrift des einstigen französischen Widerstandskämpfers und späteren UN-Diplomaten Stéphane Hessel (1917–2013), an *Empört euch!*, die 2010 erschien.

Hermann Hesse wechselt nach Kriegsende gewissermaßen die Seiten, etwas genauer: Er bemüht sich um Neutralität, siedelt im April 1919 ins Tessin um und nimmt 1924 die Schweizer Staatsbürgerschaft an. Bis zu seinem Lebensende 1962 – also über vier Jahrzehnte – wird dies die Heimat eines der populärsten deutschsprachigen Schriftsteller bleiben, dem Städte und Metropolen immer suspekt und lebensfeindlich erschienen sind. Zunächst bewohnt er ein kleines Bauernhaus bei Locarno; später wohnt er in Sorengo; schließlich in Montagnola, einem Dorf oberhalb Luganos. Dort wird er ab 1931 ein Haus beziehen, das ganz mäzenatisch ein Freund für ihn baut und das legendär Casa Rossa heißt (wegen seines rötlichen Anstrichs) beziehungsweise Casa Hesse. Hesse, so scheint es jetzt, ist weit weg. Der Zeit und der Gesellschaft enthoben. Er sei der erste deutsche Schriftsteller gewesen, „der sich vom Einfluß der Politik freimachte", wird Anders Österling am 10. Dezember 1946 in seiner Verleihungsrede des Nobelpreises sagen.

Hesse bleibt unabhängig und versucht auch nach dem Zweiten Weltkrieg weiterhin keinen anderen Göttern zu gehorchen. Dazu zählt auch, sich nicht korrumpieren zu lassen. Am gefährlichsten wird dies für einen Autor mit dem Dichterlorbeer, den die Lenker der Welt oft und gern vergeben und damit den, den sie freundlich ehren, entschärfen und verharmlosen. Noch liegt Deutschland in Schutt und Asche, da werden ihm, dem fast siebzigjährigen Schweizer deutscher Herkunft, 1946 gleich zwei wichtige Preise zuerkannt: der Goethe-Preis der Stadt Frankfurt am Main sowie der Nobelpreis für Literatur. Aber Hesse spielt dabei nur bedingt mit. Zu beiden Preisverleihungen kommt er nicht, reist also weder nach Frankfurt noch nach Stockholm. Daheim wird er die Feiern rund um den Nobelpreis – für den ihn Thomas Mann vorgeschlagen hat – gar „Klimbim" nennen. Dabei ist 1946 ein nicht ganz leichtes Jahr für die schwedische Jury und ihre Wahl auch politisch alles andere als Klimbim. Denn natürlich wird es auch als Zeichen an die Welt gesehen, welcher Autor im ersten Jahr nach dem Weltkrieg mit dem Nobelpreis geehrt wird. Die Reihe der Kandidaten zeigt, wie breit das Spektrum diesmal gefasst und wie prominent die Liste besetzt ist. Unter jenen, die 1946 für preiswürdig erachtet werden, sind fünf Autoren, die in späteren Jahren auch den Literaturnobelpreis bekommen werden – mit André Gide (1947), T. S. Eliot (1948), François Mauriac (1952), Winston Churchill (1953) und Boris Pasternak (1958). Die Wahl 1946 aber fällt auf Hermann Hesse.

Seine beiden Dankesreden dieses Jahres strotzen nicht gerade vor huldvoller Dankbarkeit. Schließlich sind Preise nach seinen Worten „vom Empfänger aus gesehen, weder ein Vergnügen noch Fest, noch sind sie etwas von ihm Verdientes. Sie sind ein kleiner Bestandteil des komplizierten, zum großen Teil aus Mißverständnissen konstruierten Phänomens, das man Berühmtheit nennt, und sollen als das, was sie sind, hingenommen werden: als Versuche der offiziellen Welt, sich ihrer Verlegenheit inoffiziellen Leistungen gegenüber zu erwehren". Er prangert den Größenwahn der Technik an und den Größenwahn des Nationalismus. Den Widerstand gegen diese „Welt-krankheiten", wie er es nennt, zählt er zu den wichtigsten Auf-gaben. Auf Distanz zu beiden Preisen zu gehen, ist für ihn noch zu leisten. Weniger leicht wird für ihn das Leben als Berühmt-heit. Die Welt scheint ihm mehr und mehr auf den Leib zu rü-cken. Hesse reagiert darauf mit Rückzug. Er verlässt Montag-nola, seine komfortable „Einsiedelei", und sucht die noch um-fassendere Ruhe in einem Sanatorium.

Das Denken und Schreiben von Hermann Hesse ist ohne seine Herkunft kaum erklärlich. Und so kommt man an bei den holprigen Anfängen seines Lebens, das schwierig und kri-sengeschüttelt bleiben wird. Der Blick richtet sich ins scheinbar beschauliche Calw an der Nagold. Dort wird Hesse 1877 gebo-ren, in diesem alten schwäbischen Schwarzwaldstädtchen – hi-nein in das geschlossene Weltbild seiner pflichtstrengen, pietis-tischen Eltern. Er leidet am religiösen Eifer seiner evangelischen Missionarsfamilie, der an Fanatismus grenzt; er begehrt auf ge-gen die Moraldiktatur daheim, die aus lauter Geboten gezim-mert ist. Die vor allem vom Vater Johannes Hesse propagierten Verhaltensideale lauten Unterwerfung, Zucht und Ordnung. Hesses Antworten auf die Lebensvorgaben seiner so frommen Eltern lauten: als Junge Flucht und Verzweiflung, als Jugendli-cher Aufbegehren, als junger Mann Rebellion und Dichten. Letzteres mag zunächst eine Überlebenskunst sein; sie wird ihm bald einen Weg der Selbsterkenntnis bedeuten, wird Le-bensziel und schließlich Berufung. Schon in der Pubertät weiß er, „daß ich nichts anderes als ein Dichter werden wollte", wie es in seinen autobiografischen Notizen von 1922/23 heißt.

Die Pläne der Eltern sind grundlegend andere: Als Vierzehn-jähriger wird Hermann ins theologische Seminar von Kloster Maulbronn geschickt. „Ich bin froh, vergnügt, zufrieden", schreibt er noch 1892 an seine Eltern. Doch wenig später schon folgen die ersten Ausbrüche, Fluchten aus der strengen Bildungs-anstalt. Hermann Hesse entfernt sich, wird aufgegriffen, bestraft und gemaßregelt. Noch klingen die ersten Atteste zum jungen Mann, der „entweder Dichter oder gar nichts" sein will, recht harmlos. Eine große Aufregung sei in ihm; er neige dazu, sich „überspannten Gedanken" hinzugeben. Schließlich ist von einer Nervensache die Rede. Suizidgedanken beschäftigen den Fünfzehnjährigen, und nach einem Selbstmordversuch wird er in die Nervenheilanstalt in Stetten verbracht, in der sich Hesse wie ein „Gefangener im Zuchthaus" fühlt. Auf Bewährung wird er abermals ins vermeintliche Leben entlassen; er besucht das Gymnasium in Cannstatt, beginnt eine Buchhändlerlehre in Esslingen (die nur drei Tage währt) und eine Mechanikerlehre in Calw, bis er in der Studentenstadt Tübingen mit einer Lehre in der Antiquariats-Buchhandlung Heckenhauer zum ersten Mal ernsthaft eine Ausbildung beginnt. Auch dort erreichen ihn noch die Gebote des Vaters, der seinem Sohn Folgendes zu beherzigen aufgibt: „Das Rauchen auf ein Minimum zu beschränken, weil es den Appetit vermindert, die Nerven reizt und Geld kostet."

Die Eltern sind unfähig, ihren Sohn zu verstehen, mehr noch: Seine Haltung und seine Unruhe sind ein Angriff auf ihre eigene Lebensweise, die eine Existenz der Antworten ist und nicht der Fragen. Für seine Emanzipation mobilisiert der junge Hermann Hesse alle Kräfte. Es ist sein Überlebenskampf. Der kann nur gewonnen werden, wenn er sich gegen die Zugriffe von außen weitgehend immunisiert: gegen die religiös motivierte Haltung seiner Eltern von Gehorsam und Unterwerfung, gegen die Leistungsanforderungen und Bildungsideale der Gesellschaft, gegen die an ihn herangetragenen Erfordernisse politischer Parteinahme. Sein Leben ist Widerstand gegen all das. Er schottet sich von äußeren Einflüssen ab und richtet seinen Blick nach innen. Zwar finden sich auch in der Betrachtung und Erforschung der Seele letzten Endes keine Antworten; doch stellen sich dabei Fragen, die ihm sonst zu stellen kaum in den Sinn gekommen wären und die gründlich zu bedenken das Leben wert erscheinen.

Ein Werk wird daraus geboren; es entsteht aus der Unruhe. Die Frage, ob Hesse ohne diese Reibungsfläche kein Dichter geworden wäre, ist spekulativ und seriös nicht zu beantworten. Weil eine solche These der auch von Klischees begleiteten Anschauung folgt, dass jedes große Werk der Literatur mehr oder weniger einer Leiderfahrung abgerungen werden müsste. Dichtung gewissermaßen als Produkt eines erfahrenen Unglücks, das im Schreiben gebannt und möglicherweise überwunden wird.

Eine solche Überwindungsliteratur wäre dann *Unterm Rad*. Zunächst aber ist der schmale Roman eine Abrechnung. Zum einen mit dem Schul- und Bildungssystem seiner Zeit; zum anderen ist es die Aufarbeitung seiner eigenen Jugend-Geschichte, die in der Idylle beginnt und vor dem Abgrund endet. Kaum eine andere Romanfigur wird eine so große autobiografische Nähe zu Hesse haben wie jener Hans Giebenrath aus *Unterm Rad* – der Musterschüler, der unter immensem Druck als Zweitbester das Landesexamen schafft und ins Seminar von Maulbronn einrückt. Erst die Freundschaft mit dem aufsässigen Mitschüler Heilner wird ihm die Augen öffnen für das, was das wirkliche Leben sein könnte. Doch die heilende Wirkung dieser Bekanntschaft bleibt Utopie. Giebenrath, mittlerweile von Selbstmordgedanken getrieben, wird in eine Mechanikerlehre gesteckt und ertrinkt wenig später nach einem Gelage in einem Fluss. Hesse lässt ihn sterben, um selbst zu überleben. Er wird daraus als ein zwar geschädigter, aber nicht gebrochener Mensch hervorgehen.

Schon damals wird die Relevanz dieser Jugendgeschichte erkannt. In einer Rezension von *Unterm Rad* – sie erscheint in der *Vossischen Zeitung* von 1906 – ist zu lesen, dass dieses Buch eine brauchbare Anleitung für Eltern, Vormünder und Lehrer sei, „wie man einen gesunden, begabten jungen Menschen am zweckmäßigsten zu Grunde richtet, welche Wurzeln man abzuschneiden hat, damit das junge Stämmchen am schnellsten verdorrt und stirbt".

Die meisten Romane, Erzählungen und Gedichtbände Hesses sind schon kurz nach ihrem Erscheinen echte Publikumserfolge; viele sind es bis heute geblieben. Über 120 Millionen Mal haben sich seine Bücher verkauft und wurden in mehr als sechzig Sprachen übersetzt. Dazu gehört auch das Phänomen der Hesse-Renaissance schon kurz nach seinem Tod 1962. Die kommt nicht aus Deutschland und nicht aus Europa. Hierzulande ist man mit Hesse nämlich längst fertig; im zeitgenössischen Literaturbetrieb auch. In der tonangebenden Gruppe 47 finden sich ausschließlich Kritiker seines Werks. Sein Stil sei konventionell und die Aussagen seiner Werke werden als erschreckend harmlos empfunden. Nein, seine erneute Entdeckung kommt aus den USA. Der Psychologe und „Guru" der Hippie-Bewegung, Timothy Leary (1920–1996), empfiehlt die Bücher Hermann Hesses als geistige Begleitung und Ergänzung von LSD-Trips; darunter besonders den *Steppenwolf* und *Siddhartha*, Hesses legendenhafte Auseinandersetzung mit indischer Mystik. Der Schriftsteller wird somit Vorbild einer Protestkultur und intellektueller Vorgänger rauschhafter Zustände.

Auch in Harry Haller, dem Steppenwolf, steckt Hermann Hesse; die Initialen verraten es schon. Auch Haller ist ein Außenseiter, dem zufällig das „Traktat vom Steppenwolf" in die Hände gerät und seinen Blick auf die zwei Naturen des Menschen lenkt. Welche Wege es aus der Ich-Spaltung geben mag? Möglicherweise den Ausweg in eine imaginäre Welt, die auch im Humor eine souveräne Distanz zum gepeinigten Ich herzustellen vermag. Harrys Besuch des sogenannten Magischen Theaters im Roman ist der Versuch einer Reise dorthin, ist – auch unter Drogeneinfluss – das schonungslose Experiment, die Wirklichkeit zu überwinden. So umstritten die Erzählung bei ihrem Erscheinen 1927 gewesen ist, so populär und wegweisend wird sie als kultisches Buch dann vier Jahrzehnte später in den USA. Eine Rockband wird sich nach *Steppenwolf* benennen und in ihrem größten Hit, „Born to be wild", Harry Hallers Botschaft in die Welt hinausschreien. Die romantische Vorstellung von einem grenzenlosen Leben scheint zu erwachen und möglich zu werden. Schwärmerisch gestimmt sind die neuen Leser der Erzählung, die aus Hesses Rausch des Schöpferischen die Visionen eines LSD-Trips herausfiltern. Mit der Inbesitznahme des *Steppenwolfs* durch die Drogenszene wird aus Hesses Transzendieren ein Halluzinieren. Ist dies alles letztlich vielleicht doch ein großes Missverständnis? Aus der Sicht des Autors dürfte ein solches Verdikt sehr wahrscheinlich sein. Doch wer richtet darüber? Die Literaturgeschichte sind wir, die Leser. Sie vor allem sind für etwas verantwortlich, was man literarische Langlebigkeit und Überlieferung nennen könnte. Und liegt nicht genau darin die Kraft aller literarischen Schöpfungen – dass sie ein Eigenleben entwickeln, sich selbst transzendieren und ihren ursprünglichen Beweggrund übersteigen? Jeder Autor muss sein Werk ziehen lassen und akzeptieren, dass es sich zu wandeln beginnt.

Vielleicht handeln auch davon die „Stufen".

Literatur:

Gesammelte Werke in zwölf Bänden. Hg. von Volker Michels.
Frankfurt: Suhrkamp 1970, 1987.
Gesammelte Erzählungen, 4 Bände. Hg. von Volker Michels.
Frankfurt: Suhrkamp 1977, 1982.
Sämtliche Werke. 20 Bände plus Registerband. Hg. von Volker Michels.
Frankfurt: Suhrkamp 2001–2007.
Das erzählerische Werk. 10 Bände. Hg. von Volker Michels.
Frankfurt: Suhrkamp 2012.

Sekundärliteratur:

Gunnar Decker: Hermann Hesse – Der Wanderer und sein Schatten.
München: Hanser 2012.
Volker Michels: Über Hermann Hesse. 2 Bände. Frankfurt:
Suhrkamp 1976/77.

Nelly Sachs

1891 | **10. Dezember geboren in Berlin-Schöneberg als Tochter des Fabrikanten William Sachs und seiner Frau Margarete**

1900-02 | **aus gesundheitlichen Gründen Privatunterricht**

1908–09 | **geistige und körperliche Krise, ausgelöst durch ein unglückliches Liebeserlebnis, an das sie sich zeitlebens gebunden fühlt**

1919 | **frühe Gedichte an Selma Lagerlöf geschickt**

1930 | **Tod des Vaters**

1933 | **Gedichte im** *Berliner Tageblatt*

1939 | **wie alle jüdischen Frauen muss sie unter dem NS–Regime den Namen „Sara" annehmen**

1940 | **gemeinsame Flucht mit ihrer Mutter ins schwedische Exil nach Stockholm**

1947-48 | **die Gedichtsammlung** *Sternverdunkelung* **entsteht**

1952 | **Zuerkennung der schwedischen Staatsbürgerschaft**

1956 | **Entstehung der Prosaarbeit** *Leben unter Bedrohung*

1957 | **Beginn der Brieffreundschaft mit Paul Celan**

1958 | **Uraufführung der** *Eli*-**Oper im schwedischen Rundfunk**

1960 | **Einlieferung in die psychiatrische Abteilung des Krankenhauses Södersjukhuset**

1965 | **Friedenspreis des Deutschen Buchhandels**

1966 | **Nobelpreis für Literatur**

1968 | **Behandlung in einer psychiatrischen Klinik in Stockholm**

1970 | **April: Paul Celan begeht Selbstmord**

1970 | **am 12. Mai gestorben in Stockholm**

Nelly Sachs | *die deutschsprachige*
Dichterin des Judentums

von Lothar Schröder

Wer Nelly Sachs verstehen will, muss sie lesen. Das klingt ebenso wohlfeil und abgegriffen wie hochtrabend. Denn was sonst
sollte für einen Schriftsteller sprechen als vor allem das Werk?
Dennoch ist die Lektüreaufforderung bei Nelly Sachs in gewis-
ser Weise umfassender gemeint, das Leben und das Dichten
umschließend, weil bei ihr beides ineinandergreift und somit
das eine ohne das andere nicht genügend oder zumindest nicht
tiefgreifend genug zu verstehen ist. Hans Magnus Enzensberger
hat diese Besonderheit einmal „das Buch Nelly Sachs" genannt.
Wer darin liest, begegnet der Poesie und ihrer Schöpferin, begegnet dem Leid und dem Tod, Israel und Deutschland, der
Sehnsucht und der Verwandlung, dem richtigen Wort und dem
sprachlosen Entsetzen. Aber auch damit wird sich der Leser ab-
finden: dass er nicht schlau wird und nicht schlau werden kann
aus den Versen von Nelly Sachs. Weil in ihrer Poesie stets ein
Rest an Rätseln verbleibt. Vom Leser wird darum nach den
Worten Enzensbergers weniger Scharfsinn gefordert, sondern
vielmehr Bescheidenheit. So mag auch die Umkehrung des Ein-
gangssatzes gelten: Wer Nelly Sachs liest, versteht auch sich
selbst.

Dass Nelly Sachs einen Einzel- und Sonderfall in der
deutschsprachigen Literatur darstellt, mag nicht sonderlich originell klingen. Weil ein derart exklusives Etikett vielen Dichtern
zur Steigerung ihrer Bedeutsamkeit angeheftet wird. Die Sin-
gularität der 1966 mit dem Literaturnobelpreis ausgezeichneten Dichterin aber lässt sich nicht nur behaupten, sondern auch
nacherzählen – sowohl am Leben als auch am Werk.

Nelly Sachs, 1891 geboren, wächst wohlbehütet in Berlin-

Schöneberg auf. Sie ist das Einzelkind einer vermögenden Familie. Beides Voraussetzungen, dem Kind zwar komfortable, aber nicht unbedingt freudvolle erste Lebensjahre zu bescheren. Später wird sie ihre Kindheit als „Einsamkeitshölle" beschreiben. Wichtiger Bezugspunkt und treibende Kraft bleibt bis zu dessen Tod 1930 der Vater, Georg William Sachs. Ein gebieterischer Mensch und eine schwierige Natur; doch zugleich ist er der erste Inspirator für ihre künstlerischen Neigungen. „Mein Vater holte sich den Mut zum Dasein mit jedem Atemzug wieder heim – er war genial begabt, die Erfindungen flossen aus ihm – eine Renaissance-Natur – aber er ließ alles wieder am Wege liegen – so wie es die Dichter mit allem Früheren tun. Alle Reiche des Wissens standen meinem Vater offen, und die Musik war der Sog, der ihn zog", erinnert sich Nelly Sachs später. Er wird sogar in ihrer Dankesrede auf den Nobelpreis Erwähnung finden, wenn auch anekdotisch mit jenen Worten, die er stets am Geburtstag seiner Tochter sagte: „Heute gedenke ich der Worte meines Vaters, die er an jedem 10. Dezember in meiner Heimatstadt Berlin äußerte: Nun feiern sie in Stockholm das Nobelfest."

Vielleicht war es diese Abgeschiedenheit der frühen Jahre, die sie gegen literarische Strömungen der Zeit und Einflüsse von außen geradezu imprägnierte. Als um 1911 mit Heym, Werfel, Lasker-Schüler und Sternheim die ersten bedeutenden expressionistischen Werke für Aufmerksamkeit sorgen, ist Nelly Sachs 20 Jahre alt. Die Moderne sucht und findet ihr Publikum. Die Verse werden schneller und experimenteller, neue Rhythmen in einer neuen Sprache und mit einer neuen Grammatik geben jetzt den Ton an. In dieser Reizstimmung sind Dissonanzen erwünscht und Hässlichkeiten kein Zeichen mehr für misslungene Verse. Dieser machtvolle und vor Kraft strotzende ästhetische Aufruhr geht an Nelly Sachs nahezu spurlos vorbei. Ihre Gedichte atmen eine Idylle und schöpfen aus einer Romantik, die Zeichen eines noch ungebrochenen Verständnisses unserer Welt sind. Ihr großes Vorbild bleibt zunächst die Schwedin Selma Lagerlöf, der sie ihre Gedichte schickt.

Unberührt bleibt Nelly Sachs von den Zeitläuften nicht, doch sind die Einflüsse politisch brutaler Natur. Das ist die Zeit des Nationalsozialismus, das ist die ständige Lebensbedrohung, die Tochter und Mutter in der ganzen Dramatik erst spät erkennen. Den assimilierten Juden mit ihren tiefen Wurzeln in der deutschen Kultur blieb die existenzielle Gefahr zu lange unbegreiflich. Erst 1940 und nach der Überwindung vieler bürokratischer Hemmnisse gelingt Mutter und Tochter die Flucht nach Stockholm. Das war eine Rettung in letzter Minute; ihr Gestellungsbefehl zum Abtransport in ein Lager war bereits bei ihnen eingetroffen. Mit wenig Gepäck und fünf Goldmark in der Tasche, die von den Nazibehörden mitzunehmen gestattet wurde, kamen Nelly Sachs und ihre Mutter am späten Nachmittag des 16. Mai 1940 in Stockholm an. Die Ausreise verdanken beide Gudrun Harlan, einer Freundin von Nelly Sachs, der es gelungen war, in Schweden Prinz Eugen und Selma Lagerlöf als damals notwendige Fürsprecher für die Ausreise der jüdischen Familie Sachs zu gewinnen.

Bis zu diesem Zeitpunkt hatte die Familie bereits viel Not erleiden müssen: die Konfiszierung eines Großteils des Vermögens, Verhöre, Plünderung der nunmehr kleinen Wohnung durch SA-Leute. „Es kamen Schritte. Starke Schritte. Schritte, in denen das Recht sich häuslich niedergelassen hatte. Schritte stießen an die Tür … Die Tür war die erste Haut, die aufgerissen wurde … Dann fuhr das Trennungsmesser tiefer … Das Gehirn faßt nichts mehr. Die letzten Gedanken kreisten um den schwarzgefärbten Handschuh, der die Eintrittsnummer zur Gestapo verdunkelte und fast das Leben kostete", schreibt sie in ihrer Prosaarbeit „Leben unter Bedrohung".

„Der Tod ist ein Meister aus Deutschland", wird Paul Celan, ein späterer Freund und Mentor von Nelly Sachs, dichten. Für sie aber wird das Nazi-Reich mit seinen Vernichtungslagern zum grauenvollen Lehrmeister einer neuen Sprache, eines eigenen Tons. Denn die furchtbaren Erlebnisse, die sie an den Rand des Todes geführt haben, sind nach ihren Worten ihre Lehrmeister gewesen. „Hätte ich nicht schreiben können, so hätte ich nicht überlebt. Der Tod war mein Lehrmeister. Wie hätte ich mich mit etwas anderem beschäftigen können, meine Metaphern sind meine Wunden. Nur daraus ist mein Werk zu verstehen."

Das wird zum Ausgangspunkt ihres Dichtens und wird Bezugspunkt bleiben. Mit *In der Wohnung des Todes* ist ihr erster Lyrikband nach Ende des Krieges überschrieben, den sie später als erstes eigenes Werk ansehen wird. Das Ungewöhnliche und Überwältigende ihrer Dichtung aber bleibt, dass ihre Verse in der Sprache tastend, feinfühlig, nahezu zart bleiben. So groß die Tragödie ist (oder vielleicht auch gerade deshalb), so sind ihre lyrischen Klagelieder und dramatischen Legenden „von schmerzensreicher Schönheit", wie es Anders Österling, Ständiger Sekretär der Schwedischen Akademie, in seiner Verleihungsrede zum Literaturnobelpreis über das Werk von Nelly Sachs sagen wird. Es ist der 10. Dezember 1966, ihr fünfundsiebzigster Geburtstag. Nelly Sachs wird den Preis als schwedische Staatsbürgerin entgegennehmen, die sie seit 1952 ist.

Was „schmerzensreiche Schönheit" heißt, wird deutlich auch mit ihrem Mysterienspiel *Eli*, das sie in wenigen Nächten niederschreibt und in dem sie mit siebzehn Szenen das Leiden Israels in Worte zu fassen und zu begreifen sucht. Veröffentlicht wurde *Eli* 1951, doch entstanden ist diese mystische Dichtung zwischen 1943 und 1944. *Eli* ist ein Gemisch aus Erinnerungen, realen Ereignissen und dem Grauen, das sich vor den Augen der Welt abspielte und das Leiden eines ganzen Volkes spiegelt. Diese szenische Dichtung darf nicht als Flucht aus der Wirklichkeit verstanden werden. Sie ist kein Weg in mystisch unscharfe Regionen. Sie selbst hat diesen Zugang als einen „Ausbruch aus dem Privaten ins Universum" verstanden.

„O die Schornsteine
Auf den sinnreich erdachten Wohnungen des Todes,
Als Israels Leib zog aufgelöst in Rauch
Durch die Luft!"

Doch zugleich werden ein neues Selbstbild und das religiöse Selbstverständnis des Dichters formuliert. Er soll eine Art Mystiker sein, der mit seinen Visionen die Welt wandelt und transzendiert. Todesnähe und göttliche Inspiration werden zum poetischen Prinzip. Die Dichtung weist dann über sich selbst hinaus und gewinnt dadurch an prophetischer Kraft. In der Figur des Hirtenjungen Eli verschränkt sich die Legende mit dem persönlichen Erleben der Dichterin: Eli bewahrt das Gedenken an ihren Geliebten aus jungen Jahren. So lassen sich in manchen Versen die Spuren des heimlich und streng geheim gehaltenen Geliebten finden, der wohl verhaftet und von den Nazis ermordet wurde.

Das Erstaunliche bei alldem bleibt, dass Nelly Sachs einer deutschen Sprache nicht misstraute, die von den Nazis in verhunzter und verdrehter Form zu einer Sprache ihrer Macht missbraucht wurde. Die Vorbehalte gegenüber den großen Vokabeln, wie sie unter vielen Schriftstellern der unmittelbaren Nachkriegszeit oft üblich und zumeist bedenkenswert waren, sind ihr stets fremd geblieben. Im Gegenteil, sie versucht, missbrauchte Sprache zu retten, zu bewahren und ihr einen Teil ihrer früheren Unschuld, Reinheit und damit auch Schönheit zurückzugeben. Die Worte wurden nicht dadurch falsch, nur weil andere sie missbrauchten. Wie mahnend klingen dazu ihre Verse:

„Völker der Erde,
zerstöret nicht das Weltall der Worte,
zerschneidet nicht mit den Messern des Hasses
den Laut, der mit dem Atem zugleich geboren wurde."

Der missbrauchten Sprache setzt sie sich aufs Neue aus, in dem Versuch, das „verlorene Alphabet" wiederzufinden. Wörter wie „Sehnsucht", „Liebe", „Heimat" werden trotz ihrer „totalen Korrumpierung" in den Gedichten von Nelly Sachs wiedergeboren, so die Literaturwissenschaftlerin Gisela Dischner.

Mit *In den Wohnungen des Todes* (1947) und *Sternverdunkelung* (1949) erschienen in Ostberlin und Amsterdam ihre ersten Lyrikbände. Die neue Stimme wird wahrgenommen und geachtet, doch es soll noch einige Jahre dauern, bis sie in der Bundesrepublik nachhaltig entdeckt wird. Dies geschieht unter anderem mit weiteren Lyrikbänden wie *Und niemand weiß weiter* von 1957 sowie *Flucht und Verwandlung* zwei Jahre später; zudem mit dem Mysterienspiel *Eli*, das 1958 erstmals als Hörspiel im Süddeutschen Rundfunk gesendet, in Dortmund zunächst als Theaterstück 1962 und dort schließlich auch als Oper 1966 uraufgeführt wird. Von Bedeutung für die Verbreitung ihres Werkes in Deutschland sind aber auch junge Autoren hierzulande – unter ihnen Hans Magnus Enzensberger –, die in Sachs' Lyrik eine neue und unverwechselbare Stimme erkennen. Ihre Verse geben einen anderen Blick auf die Shoah frei; es ist die Sicht der neben Rose Ausländer vielleicht letzten deutschsprachigen Dichterin des Judentums. Für Nelly Sachs sind diese Förderer eine Brücke zu Deutschland, einem Land, dessen Sprache noch immer die ihre ist und die sie „menschlich mit anderen verbindet". 1965 – zur Verleihung des Friedenspreises des Deutschen Buchhandels in Frankfurt – traut sie sich zu, ein zweites Mal nach Kriegsende nach Deutschland zu reisen: „Zunächst fiel es mir schwer, dorthin zurückzukehren, aber ich habe junge Schriftsteller getroffen, die mir ganz anders vorkamen als frühere Generationen." Als sie fünf Jahre zuvor nach Merseburg zur Verleihung des Droste-Preis gereist war, war sie nach ihrer Rückkehr in Schweden zusammengebrochen.

Der barbarische Völkermord und der Vernichtungswahn der Nazis haben Nelly Sachs nicht nur einen Auftrag als Dichterin gegeben, sie haben sie auch mit Fragen nach der eigenen Identität konfrontiert. So wurde sie nach den Worten des schwedischen Literaturwissenschaftlers Bernd Holmquist plötzlich „Jüdin in einem ihr unbegreiflichen, ausschließlichen Sinne, der bald mit einem Todesurteil gleichbedeutend wurde". Sie erkennt nur langsam ihre Zugehörigkeit zum jüdischen Volk. Auf Befehl der Nazis hatte sie sich 1938 einen jüdischen Namen zulegen müssen. Unter ihrem letzten in Deutschland publizierten Gedicht steht „Nelly Sara Sachs". Die braunen Machthaber zwingen ihr zunächst die jüdische Identität auf; als eine geschichtliche Identität nimmt sie diese außerhalb Deutschlands an. Israel steht für sie aber auch als Symbol für jedes bedrängte Volk. Ende der 1950er-Jahre wird für sie zudem die globale Bedrohung immer greifbarer. In einem Gedicht aus dem Zyklus *Und niemand weiß weiter* von 1957 werden die Stätten des Grauens dieser Welt bereits zusammengeführt – von Maidanek bis Hiroshima. Danach taucht Israel in ihren Gedichten kaum noch auf.

Mit dem Nobelpreis wird sie noch einmal zur Repräsentantin des jüdischen Volkes. Denn 1966 wird die hohe Auszeichnung geteilt. Das ist zwar ungewöhnlich, doch geschieht es nicht zum ersten Mal. Bislang wahrte die Stockholmer Jury das Prinzip, dass ein geteilter Preis stets an zwei Vertreter einer Nation und einer Sprachgemeinschaft gehen müsse. Das ist diesmal schwieriger als sonst. Denn neben Nelly Sachs wird auch der israelische Prosadichter Samuel Joseph Agnon geehrt, der auf Hebräisch schreibt und früher bereits forsch spekulierte, dass er den Nobelpreis wahrscheinlich nie bekommen würde, da die Schwedische Akademie ja nicht Hebräisch läse. Zumindest Agnon soll sich über die deutsch schreibende Nelly Sachs als Mitpreisträgerin nicht übermäßig gefreut haben.

Doch Nelly Sachs plant eine Reise nach Israel fürs kommende Jahr. Die aber wird sie nicht mehr antreten können. Nervenleiden treten wieder auf, Klinikaufenthalte werden nötig. Am 12. Mai 1970 stirbt sie in einem Stockholmer Krankenhaus an Krebs. An diesem Tag wird ihr geliebter Freund und Bruder im dichtenden Geiste, Paul Celan, beerdigt. Er hatte sich im April das Leben genommen.

Dichtung ist Nelly Sachs ein Erfahrungsraum gewesen. Nicht aber als Erkundung irgendeines Lebens, sondern als die Erfahrung der bedrohten Existenz. Ihr Standort markierte darum zumeist die Grenze zum Abgrund. In der Frühphase ihrer Dichtung – den ersten Jahren im Exil – hat sie aus dem Chassidismus, einer Form der jüdischen Mystik, die Kraft zum Überleben geschöpft. Der apokalyptischen Gegenwart aber kann sich der Einzelne kaum entziehen, am besten vielleicht noch in der Verwandlung. Auch in der Flucht sah sie eine Form der Metamorphose, die zu einem seelischen wie auch visionären Versuch werden könne, die Enge unseres Daseins mit einer universalen Weite zu tauschen. Die Überwindung des beschränkten Diesseits öffnet dann eine kosmische Perspektive. Es meint letztlich auch die Überwindung der Vergänglichkeit.

„An Stelle von Heimat
halte ich die Verwandlungen der Welt"

Literatur:
Werke. Kommentierte Ausgabe in vier Bänden. Hg. von Matthias Weichelt. Frankfurt: Suhrkamp 2010.

Sekundärliteratur:
Ruth Dinesen: Nelly Sachs: Eine Biographie. Frankfurt: Suhrkamp 1993.
Dorothee Gelhard, Andreas Kraft: „nur eine Stimme, ein Seufzer". Die Identität der Dichterin Nelly Sachs und der Holocaust. Frankfurt: Peter Lang 2010.
Heinz Ludwig Arnold: Nelly Sachs. München: Text und Kritik 1979.

Heinrich Böll

1917 | **21. Dezember geboren in Köln als jüngstes von sechs Kindern des Kunsttischlers Viktor Böll und seiner Frau Maria**

1928-37 | **Besuch des Kaiser-Wilhelm-Gymnasiums in Köln**

1937 | **Abitur und Beginn einer Buchhändlerlehre in Bonn**

1938 | **Abbruch der Lehre und erste schriftstellerische Arbeiten**

1939-45 | **Kriegsdienst in Polen, Frankreich, der Sowjetunion und Ungarn, mehrfach verwundet**

1942 | **Heirat mit der Übersetzerin Annemarie Cech**

1945 | **Entlassung aus amerikanischer Gefangenschaft**

1946 | **Studium der Germanistik in Köln (abgebrochen), intensive schriftstellerische Tätigkeit**

1949 | **erste Buchveröffentlichung** *Der Zug war pünktlich*

1951 | **Einladung zur Tagung der Gruppe 47 in Bad Dürkheim**

1953 | *Und sagte kein einziges Wort*

1959 | *Billard um halbzehn*

1963 | *Ansichten eines Clowns*

1967 | **Georg-Büchner-Preis**

1970-72 | **Präsident des Deutschen P.E.N.-Zentrums (Bundesrepublik)**

1972 | **ausgleichendes Engagement in der Debatte um die RAF, im Anschluss wütende Kontroversen und Attacken auf seine Person**

1972 | **Nobelpreis für Literatur**

1974 | *Die verlorene Ehre der Katharina Blum* **thematisiert das verhetzte Klima der Terrorjahre. Engagement für verfolgte Schriftsteller in der Sowjetunion, u.a. Alexander Solschenizyn und Lew Kopelew**

1981 | **Engagement in der Friedensbewegung**

1985 | **am 16. Juli gestorben in Langenbroich/Eifel**

Heinrich Böll | *der gute Mensch von Köln*

von Enno Stahl

Als Heinrich Böll die Nachricht von der Verleihung des Nobelpreises an ihn erhielt, war er gerade auf Reisen, verblüfft habe er ausgerufen (so behauptete es wenigstens der *Spiegel* vom 23. Oktober 1972): „Wie, ich allein, und nicht der Grass auch?" Eine weitere Anekdote kursiert über diesen denkwürdigen Augenblick, die deutlich machen soll, wie wenig Böll mit der Ehrung rechnete – demnach habe er das Telegramm, mit dem er über die Entscheidung des Komitees informiert wurde, zunächst achtlos in seine Jackentasche gesteckt und erst einige Zeit später gefunden, als er nach Zigaretten suchte ...

Aber ganz so überraschend kam die Kunde wohl nicht, denn in den Monaten zuvor hatte sich bereits ein Kopf-an-Kopf-Rennen zweier deutscher Autoren abgezeichnet, Böll und Grass. Letzteren dürfte es in seiner Eitelkeit schwer gekränkt haben, dass man Böll ihm vorzog und ihn erst knapp 30 Jahre später mit der höchsten Auszeichnung der literarischen Welt bedachte.

Ganz offensichtlich war es – einmal mehr – eine Entscheidung, die nicht nur literarisch motiviert war, denn sonst hätte Günter Grass mit seinem Großroman *Die Blechtrommel* wohl die Nase vorn haben müssen, Heinrich Bölls literarische Meriten nehmen sich da bescheidener aus. Von ihm gibt es nicht *die eine* ästhetische Glanzleistung. Sein Werk ist das eines kontinuierlichen, emsigen Arbeiters, der Jahr für Jahr Romane, Hörspiele und Erzählungen vorlegte, die gekonnt Zeitstimmungen und Diskussionen aufnahmen, die in der Luft lagen. Seinen Biografen Christian Linder führt das zu dem etwas harschen Urteil: „Indem er vor allem die deutschen Grundsatzthemen der Nachkriegszeit zunächst in seinen Romanen und Erzählungen platzierte und eine für die damalige Zeit nicht unangemessene, wenn auch nur provinziell-volkstümliche Form fand, in der sich immerhin viele Leser spiegeln konnten, wurde er – obwohl er manchem anderen westdeutschen Autor literarisch das Wasser nicht reichen konnte – der meistbeachtete deutsche Schriftsteller der jungen Bundesrepublik."

Böll war auf jeden Fall mehr als seine Literatur. Auffälliger als sie war seine Haltung, seine moralische Statur als beinahe so etwas wie das Gewissen der noch jungen Bundesrepublik, die ihn zu einer Autorengestalt dieses Formats heranreifen ließen. War Thomas Mann aufgrund seines gigantischen Erzählwerkes die literarische Leitfigur der frühen bundesrepublikanischen Jahre, so übernahm Böll diese Rolle von ihm aufgrund seiner Ausstrahlung und seiner Wirkung als öffentlicher Intellektueller.

1972, als er den Nobelpreis erhielt, befand sich sein Engagement auf dem Höhepunkt. Am 10. Januar dieses Jahres hatte er im *Spiegel* einen Essay veröffentlicht, den die Zeitschrift unter den reißerischen (mit Böll nicht abgesprochenen) Titel „Will Ulrike Gnade oder freies Geleit?" setzte. Böll hatte darin versucht, sich auf unvoreingenommene Weise mit den Motiven der Rote Armee Fraktion (RAF) auseinanderzusetzen, gleichzeitig kritisierte er vehement die skandalisierenden Methoden der Springer-Presse, die er für eine Eskalation der Lage verantwortlich machte. Für konservative Kreise, die ihm vorwarfen, die Verbrechen der RAF zu relativieren, wurde er damit zur Zielscheibe von Hass und Verunglimpfung.

Da Bölls Nobelpreis noch nicht allzu lang zurückliegt, fallen die Informationen zur Geschichte dieser Ehrung eher spärlich aus. Anscheinend zeichnete sich schon früh ab, dass es ein deutscher Kandidat werden solle, zum ersten Mal seit 43 Jahren wieder, als Thomas Mann den Preis erhalten hatte – Nelly Sachs, die zum Zeitpunkt ihrer Ehrung die schwedische Staatsbürgerschaft besaß, wurde wohlweislich ausgenommen. Die Verdienste und die Rolle Bölls und Grass' wurden von der Schwedischen Akademie als gleichwertig betrachtet, das Zünglein an der Waage sollen – nach Aussage des schwedischen Nobelpreisbiografen Kjell Strömberg – Bölls höheres Alter sowie seine Funktion als Vorsitzender des Internationalen P.E.N.-Clubs gewesen sein. Jedenfalls soll eine beachtliche Stimmmehrheit auf Böll entfallen sein „für ein Werk, das einen für seine Zeit erforderlichen Weitblick mit der Sensibilität der schöpferischen Kraft vereint und das der deutschen Literatur neue Impulse gegeben hat" – so das Gutachten des Komitees.

Letzteres, Impulse für die Entwicklung der deutschen Literatur, mag man mit einigem Recht bezweifeln. Der nur bedingt innovative Gehalt von Bölls Werken wurde vom Preisredner, dem damaligen Ständigen Sekretär Karl Ragnar Gierow, lapidar beiseitegekehrt: „Die Erneuerung im Bereich der deutschen Literatur, von der Heinrich Bölls Schaffen Zeugnis ablegt und an der er selbst in so bedeutsamer Weise beteiligt ist, ist kein Formexperiment: Wer vom Ertrinken bedroht ist, übt nicht Kunstschwimmen." Besonders für Bölls frühe Schriften, die unter dem Eindruck des Weltkriegs und der katastrophalen Lage im zerstörten Deutschland standen, ist das eine treffende Charakterisierung.

Die Resonanz in der deutschen Öffentlichkeit war weitgehend positiv, selbst die Politik, etwa Bundespräsident Gustav Heinemann, Kanzler Willy Brandt und Oppositionsführer Rainer Barzel, sandte dem unbequemen Autor warme Glückwünsche. Nur die Springer-Presse schäumte, man warf der Schwedischen Akademie vor, sich in den deutschen Wahlkampf einzumischen, die Auszeichnung Bölls sei offenkundige Werbung für Willy Brandts Kampagne. In der *Welt* betonte Hans-Joachim Maître die vorrangig politische Ausrichtung des Preises, die mit Böll einen Laureaten auszeichne, „der wie kein zweiter im europäischen politischen Spannungsfeld den Traum einer weltweiten Entspannung zur täglichen Beschäftigung werden und das eigene literarisch-künstlerische Werk seit einem Jahrzehnt konsequent verkümmern ließ".

Nun kann man in der Tat beobachten, dass Heinrich Böll – trotz der fortwaltenden Bekanntheit seines Namens, trotz einer siebenundzwanzigbändigen kommentierten Gesamtausgabe, die 2010 abgeschlossen wurde – heute nicht mehr wirklich viel gelesen wird. Manche seiner Werke wirken angestaubt. Böll sagte von sich: „Ich bin ja Zeitgenosse – leidenschaftlicher Zeitgenosse." Das ist das Gute und Sympathische an ihm und seinen Werken, aber auch das größte Problem. Vieles scheint zeitgebunden. Christian Linder hat einmal alle Themen-Schlagworte des Böll-Gesamtwerks zwischen 1945 und 1985 aufgelistet: „Schwarzmarkt. Entnazifizierung. Währungsreform. Deutsches Gemüt. Wohnungsbau. Konrad Adenauer. Soziale Marktwirtschaft" und vieles mehr bis „Vietnamkrieg. Notstandsgesetze. Ostpolitik. Willy Brandt. Außerparlamentarische Opposition. Archipel Gulag. Cocktail-Partys. Bankgeschäfte. Andrej Sacharow. Terroristen. Deutscher Herbst. Friedensbewegung." Viele dieser tagesaktuellen Sachfragen sind aber im Orkus der Geschichte entschwunden. Für die Nachkriegszeit etwa würde man heute doch eher Wolfgang Koeppens große Trilogie (*Tauben im Gras* / *Das Treibhaus* / *Tod in Rom*) als gültige literarische Veranschaulichung und Verewigung sehen, deren Rang als Sprachkunstwerke Bölls Romane und Erzählungen bei Weitem übersteigt.

Doch vielleicht war Bölls Anspruch auch nie so groß. 1961 antwortete er auf eine Umfrage der *FAZ*-Redaktion, ob Picassos Malerei überzeitlichen Wert besitze: „Für die Frage nach der Beständigkeit der Kunst interessiere ich mich nicht; ich glaube, Kunst wird von Zeitgenossen für Zeitgenossen gemacht."

Damit ist mehr gemeint als nur die Vorstellung einer Hinwendung des Künstlers zu seinem Publikum – diese Idee zielt ins Innerste von Bölls spezifischem Schreibansatz, seine „Ästhetik des Humanen", die er unter anderem in seinen Frankfurter Poetikvorlesungen 1964 ausbreitete. Dabei sagt er von sich selbst, dass er sich nie als Einzelnen, sondern als gebunden empfunden habe: „Gebunden an Zeit und Zeitgenossenschaft, an das von einer Generation Erlebte, Erfahrene, Gesehene und Gehörte". Die Ästhetik, die er daraus ableitet, richtet sich auf das unmittelbar Gegebene, auch den Alltag und die Alltäglichkeit, „das Wohnen, die Nachbarschaft und die Heimat, das Geld und die Liebe, Religion und Mahlzeiten". Die Konzentration darauf geht bei Böll mit einer „anteilnehmenden Melancholie" (Heinz Ludwig Arnold) einher, dem Erzähler Böll ist nichts Menschliches fremd. Er schaut sich seine Zeitgenossen genau an und macht daraus anschauliche, lebensechte Romangestalten. Das ist unleugbar seine Stärke, allerdings geht er in den meisten seiner Arbeiten nicht allzu weit darüber hinaus.

Manches, zum Beispiel sein damals viel diskutierter Bestseller *Ansichten eines Clowns* (1963), bei dem neben der Vergangenheitsbewältigung stark auch eine kritische Aufarbeitung des Katholizismus im Zentrum steht, ist in der heutigen säkularisierten Welt nur schwer nachvollziehbar. Das soll jedoch nicht heißen, dass es nicht einige Werke aus seiner Feder gäbe, die auch heute noch der Beschäftigung lohnen, die eine ebenso amüsante wie ästhetisch überzeugende Lektüre darstellen. Böll glänzt immer dann, wenn er satirisch schreibt. Ein Beispiel dafür ist etwa seine wunderbare Erzählung *Doktor Murkes gesammeltes Schweigen* (1955). Dieser Text spielt in der Anfangszeit des Westdeutschen Rundfunks. Berichtet wird von der Zwangslage des Hörfunkredakteurs Dr. Murke. Der gewichtige Kulturkritiker Bur-Malottke, „der in der religiösen Begeisterung des Jahres 1945 konvertiert hatte, hatte plötzlich ‚über Nacht', so sagte er, ‚religiöse Bedenken bekommen'". Um nicht „an der religiösen Überlagerung des Rundfunks mitschuldig zu sein", möchte er nun das Wort „Gott" durch eine Formulierung ersetzt wissen, „die mehr der Mentalität entsprach, zu der er sich vor 1945 bekannt hatte" – also im Nationalsozialismus. Und diese Formel lautet: „jenes höhere Wesen, das wir verehren".

Murke, ein sprechender Name, herummurksen fällt einem sofort ein, hat nun die Aufgabe, diesen Beitrag umzuschneiden. Nicht ohne eine Prise Anarchismus macht er sich ans Werk, genüsslich macht er den Großkritiker darauf aufmerksam, dass Gott grammatisch fallneutral sei, die gewünschte Ersatzsentenz dagegen nicht. Daher müsse Bur-Malottke nun noch – zehn Nominative und fünf Akkusative –, fünfzehnmal: „jenes höhere Wesen, das wir verehren" einsprechen, dazu fünf Dative: „jenem höheren Wesen, das wir verehren" und einen Vokativ: „O du höheres Wesen, das wir verehren!" Gemeinsam mit dem Techniker macht Murke sich einen Spaß daraus, Bur-Malottke diese stereotypen Wendungen ein ums andere Mal wiederholen zu lassen – als kleine Genugtuung für die auferlegte Unbill. Die herausgeschnittenen „Gott"-Fragmente bewahrt Murke in einer Zigarrenkiste auf, sie werden später in ein religiöses Hörstück eingearbeitet, werden gegen Bandstücke ausgetauscht, die nichts als Schweigen beinhalten. Murke, der bereits eine ausgiebige Sammlung solcher Schweigepartikel angelegt hat, bewahrt auch diese auf. Gott, das höhere Wesen und das Schweigen – sie stehen hier in einem komplexen Austauschverhältnis. Böll spielt metaphorisch mit verschiedenen Positionen, dem heidnischen Ideal der Nazizeit, auf das Bur-Malottke sich nach kurzer opportunistischer Einkehr wieder rückbesinnt, dem wiedererstarkten Katholizismus und dem neuzeitlich-agnostischen Existenzialismus, für den Murke steht.

Bölls Ironie ist sanft, niemals entlarvend, und wird stets getragen von seinem rheinischen Humor, den bekanntlich – als ein ehernes Gesetz – die Erkenntnis grundiert, dass jeder Jeck nun mal anders sei. Dieser philanthropische, warmherzige Zug seines Erzählens kommt insbesondere in seinem *Irischen Tagebuch* (1957) zum Tragen, in dem er frei von formalen oder narrativen Zwängen, wie eine Romandisziplin sie dem Autor auferlegt, die Situation im bitterarmen Irland zu Beginn der 1950er-Jahre schildert.

Böll reiste 1954 zum ersten Mal dorthin – ans Ende der Welt sozusagen, den westlichsten Zipfel Europas. Aus dem begrenzten Aufenthalt wurde für Böll, der ansonsten sein ganzes Leben in seiner Geburtsstadt Köln bzw. einem Dorf in der nahen Eifel verbrachte, einige Jahre lang ein zweiter Wohnsitz, wohin er sich immer wieder in Schreibklausur zurückzog. Was ihn an den Iren fasziniert haben dürfte, war wohl die unkomplizierte Menschlichkeit. Als er, soeben angekommen mit Frau, Kind und Kegel, noch kein Geld hat tauschen können, lassen die irischen Bahnschaffner sie umstandslos „auf Pump" mitfahren, und anschreiben dürfen sie sofort auch beim Lebensmittelhändler. Angetan beschreibt Böll die Landschaft und die freundliche Gelassenheit der irischen Menschen, die ganz ohne die Regelwut, das strikte Zeitmanagement und den Dogmatismus der Deutschen auskommen. Und er beschreibt die Armut, die dennoch ihre Würde, ja mitunter gar einen Hauch des Heiligen bewahrt: Ein Junge hat sich für 20 Pence Kartoffelchips gekauft, dann aber nach Meinung der Wirtin zu viel Essig daraufgeschüttet, was sie ihm jetzt lautstark vorwirft, der Junge, verschüchtert, weiß sich nicht zu erwehren: „Aber der Retter nahte schon: groß war er, dick, schwammig, seine Nase hatte wohl geblutet, dunkle Flecken bedeckten sein Gesicht um Mund und Nase herum; auch er war schon von der Sicherheitsnadel auf die Kordel gekommen: für seine Schuhe hatte es nicht mehr gelangt, sie klafften. Er nahte sich der Wirtin, verbeugte sich vor ihr, deutete einen Handkuß an, zog einen Zehnschillingschein aus der Tasche, überreichte ihn – erschrocken nahm sie ihn – und er sagte höflich: ‚Darf ich Sie bitten, gnädige Frau, diese zehn Schilling als Bezahlung für sechs Tropfen Essig als angemessen zu betrachten?' "

Ebenfalls eine Satire von Format ist der Roman *Ende einer Dienstfahrt* (1966). Die Tischler Johann und Georg Gruhl –

Letzterer derzeit bei der Bundeswehr – haben, wie sie selbst erklären, als eine Art von Happening unter Absingen von bestimmten Litaneien einen Armeejeep verbrannt, der Georg anvertraut war. Vor Gericht wird dieser Sicht, auch aufgrund eines Gutachtens des Kunsthistorikers Büren, nahezu entsprochen, die beiden erhalten jedenfalls eine sehr milde Strafe. Dieser Plot ist ein wenig unglaubwürdig, warum sollten Handwerker sich zu einem spontanen Kunsthappening entschließen? Und welcher Richter würde diese Tat als so etwas werten? Das Entscheidende aber ist die Schilderung des Gerichtsprozesses in einer rheinischen Kleinstadt mit dem dazugehörigen Personal, Original-BRD der 1960er-Jahre, Mief, Bigotterie und Hinterhältigkeit, alles in einem überschaubaren Panoptikum.

Eine ähnliche Guckkastenperspektive entwickelt *Gruppenbild mit Dame* (1971), ein Roman, der mit den Ausschlag für die Verleihung des Nobelpreises gegeben hatte. In einer kaleidoskopartigen Erzählweise werden Leben und Charakter der Leni Pfeiffer aus den Erinnerungen verschiedener ihr bekannter Personen bespiegelt. Demgemäß handelt es sich buchstäblich um ein „Gruppenbild", da all die Auskunftgeber in ihrer Redeweise und ihren Einstellungen gleich mit abgebildet werden. So entsteht ein Zeitpanorama von der Weimarer Republik bis in die BRD der Endsechzigerjahre. Alte Nonnen, alte Nazis, alte Kommunisten, Mittäter, Mitläufer, Opportunisten, Idealisten, Karrieristen, Kriegsgewinnler – zahlreiche Typen, die in der einen oder anderen Weise eine Rolle in diesen deutschen Jahren gespielt haben mögen, werden zu Leni Pfeiffer befragt. Dabei bleibt sie selbst recht konturlos, abgesehen davon, dass ihr eine grundsätzliche Offenheit allen Menschen gegenüber nachgesagt wird, was durch ihre Affäre zu einem Sowjetrussen während der NS-Zeit und zu einem türkischen Gastarbeiter im Nachkriegsdeutschland recht plakativ bezeugt wird. Man versteht nicht recht, wieso Böll diese Frau ins Zentrum seines Romans gestellt hat, was sie so interessant macht. Trotz der nicht uninteressanten pseudodokumentarischen Konstruktion – der Erzähler tritt als eine Art investigativer Journalist auf – wirkt der Roman recht betulich, in Teilen langatmig.

Die verlorene Ehre der Katharina Blum (1974) war der wahrscheinlich spektakulärste Erfolg Heinrich Bölls, darin setzt er sich äußerst kritisch mit dem Sensationsjournalismus auseinander, insbesondere der *Bild*-Zeitung, die auch zu Beginn des Textes explizit erwähnt wird. Marcel Reich-Ranicki äußerte einst, angeregt von diesem Buch, einen Satz, der vieles von dem zusammenfasst, was über den ersten Nobelpreisträger der jungen BRD zu sagen ist: „Auch wenn Bölls Bücher höchst zwiespältige und fragwürdige Produkte waren – und auf welchen seiner Romane treffen diese Attribute nicht zu? –, so bewiesen sie doch einen einzigartigen Blick, ein schlechthin phänomenales Gespür für jene Motive, Situationen und Stimmungen, in denen ,das Aktuelle' wie von selbst zum Vorschein kommt und anschaulich wird. Böll hat von Anfang an gegen die Ungerechtigkeit, die Bosheit und Grausamkeit der Welt die Unschuld, die Reinheit oder ganz einfach die Anständigkeit seiner zentralen Figuren ausgespielt. Und meist wurde seine Anklage am deutlichsten in Liebesgeschichten."

Dem ist nichts hinzufügen; es sei denn, dass ebenso wie manche Liebesgeschichten auch das anschaulich Aktuelle mitunter zu welken beginnt, weil es nicht auf die Ewigkeit zielt.

Literatur:
Werkausgabe Heinrich Böll: In eigener und anderer Sache. Schriften und Reden 1952–1985. 9 Bände. München: dtv 1985–1988.

Sekundärliteratur:
Christian Linder: Das Schwirren des herannahenden Pfeiles. Heinrich Böll. Eine Biographie. Berlin: Matthes & Seitz 2009.
J. H. Reid: Heinrich Böll. Ein Zeuge seiner Zeit. München: dtv 1991.

Elias Canetti

1905 | 25. Juli geboren im bulgarischen Rustschuk als erstes Kind einer wohlhabenden sephardisch-jüdischen Kaufmannsfamilie

1911 | Übersiedlung nach Manchester

1912 | plötzlicher Tod des Vaters

1913 | Übersiedlung nach Wien und 1914 nach Zürich

1921 | Canetti zieht alleine nach Frankfurt und legt dort 1924 sein Abitur ab

1924 | ab 1924 Studium der Naturwissenschaften (Hauptfach Chemie) in Wien, 1929 Promotion zum Dr. rer. nat.

1934 | Heirat mit Veza Taubner-Calderon

1936 | Die Blendung

1938 | Emigration über Paris nach London

1942 | Beginn der Arbeit an den fortlaufenden „Aufzeichnungen"

1954 | Reise nach Marrakesch

1960 | Masse und Macht

1965 | Publikation der „Aufzeichnungen 1942–48"

1968 | Die Stimmen von Marrakesch

1968 | Heirat mit Hera Buschor; Canetti lebt abwechselnd in London und Zürich

1977 | der erste Teil seiner Autobiografie erscheint: Die gerettete Zunge; es folgen Die Fackel im Ohr (1980) und Das Augenspiel (1985)

1981 | Nobelpreis für Literatur

1994 | am 14. August gestorben in Zürich

Elias Canetti | *der vertriebene Einzelgänger*

von Lothar Schröder

Die Schwierigkeiten des Literaturnobelpreis-Komitees mit seinem Kandidaten 1981 waren diesmal hauptsächlich organisatorischer Natur. Denn es galt zu klären, welcher diplomatischen Vertretung denn nun die Schirmherrschaft zur Feierstunde angetragen werden sollte. An plausiblen Kandidaten mangelte es nicht: Da waren Bulgarien, das Land, in dem der Preisträger geboren wurde; Österreich, wo er Chemie studierte; Schweiz, das Land seines jüngsten Wohnsitzes; oder vielleicht Deutschland, die Nation seiner Mutter- und Büchersprache. Den Zuschlag bekam schließlich das Land seiner Staatsbürgerschaft – und das war Großbritannien. Der besondere Lebensweg von Elias Canetti durchbricht damit sogar die Routine einer eingeübten Preisverleihung. Zur Anekdote eignet sich die strittige Protokollfrage dennoch nicht. Denn die zahlreichen infrage kommenden Länder sind keineswegs Zeugnis eines polyglotten Lebens, sondern geben den Blick auf eine Existenz frei, die wesentlich von der dem 20. Jahrhundert eingeschriebenen Erfahrung des Exils bestimmt ist. Sich dem Werk Canettis zu nähern ist darum immer auch eine Konfrontation mit dem Lebensschicksal des Autors.

Elias Canetti wird 1905 als Sohn einer sephardisch-jüdischen Kaufmannsfamilie im bulgarischen Rustschuk geboren. Nach dem frühen und überraschenden Tod des Vaters 1913 zieht die Familie zunächst nach Wien, entscheidet sich aber schon 1914 wegen der in Österreich anhaltenden Kriegsbegeisterung dazu, in die neutrale Schweiz überzusiedeln. Canetti wird dann 1921 alleine nach Frankfurt ziehen, dort sein Abitur machen, aber schon drei Jahre darauf erneut nach Wien gehen, wo er das Studium der Naturwissenschaften mit Schwerpunkt Chemie aufnimmt. Einige Jahre der Ruhe sind ihm vergönnt, bis der sogenannte Anschluss Österreichs an das nationalsozialistische Deutschland die Familie 1938 zur Flucht zwingt – über Paris schließlich nach London. Bis dahin waren seine vielen Ortswechsel Ausdruck seines Willens und wurden zu einem großen Teil geleitet von seinen Neigungen. Nun aber unterliegt seine Lebensführung einem äußeren Zwang: Eine Diktatur greift in sein Leben ein. Es ist so etwas wie eine Verbannung. Das Jahr 1938 wird zu einer Zäsur: Elias Canetti muss die Erfahrung des Freiheitsverlustes machen.

Nach dem Ende des Zweiten Weltkriegs wird er in London, seinem Exil und Asyl, bleiben und die britische Staatsbürgerschaft annehmen. Doch auch in diesem Land wird er nicht richtig ankommen und nur mühsam heimisch werden. Er nimmt die Rolle des randständigen Beobachters ein, fühlt sich zum „Ohrenzeugen" verurteilt, dem die britische Gesellschaft wie ein Kastensystem erscheint und ihm, dem Unberührbaren, gegenübertritt. Er wird also Grenzgänger, lebt mal in London, mal in Zürich und wird in den 1980er-Jahren mit seiner zweiten Ehefrau schließlich die Schweiz zum Lebensmittelpunkt machen. In Zürich stirbt er am 14. August 1994.

Was für Elias Canetti eine Heimat gewesen sein könnte, lässt sich nach den üblichen Kriterien nur unzulänglich bestimmen, geschweige denn mit einem konkreten Ort benennen. So etwas wie Heimat könnte allenfalls grob mit Europa umschrieben werden; aber auch das klingt zu harmlos, gerade vor dem Hintergrund seiner Lebenserfahrung, die größtenteils eine Leiderfahrung ist. Seine Orte des Exils markieren vielmehr Sprachbezirke, während seine Sprache seine Sicht auf die Welt bestimmt und sein Verständnis von dieser Welt dokumentiert. Das Werk leitet sich daraus ab: Es ist die Matrize seiner Lebens- und Spracherkundung und zugleich die Geschichte einer Identitätsfindung. Wobei all die Länder oder Landstriche nie tiefere Spuren hinterlassen können; prägend bleiben für ihn immer nur die Sprachgemeinschaften.

Selbst der Geburtsort wird nicht zu einem Markierungspunkt seiner Existenz. Vielmehr scheint es, als würde Canetti am 25. Juli 1905 sogleich in eine Welt der Sprachen hineingeboren. Denn sein Geburtsort, Rustschuk, ist eine Vielvölkerstadt – ein Ort der vielen Zungen. Sieben oder acht Sprachen gehören dort zum Umgangston. Canettis Eltern sprechen untereinander Deutsch, als sephardische Juden mit ihren Freunden und Verwandten Spaniolisch und im Alltag die Sprache des Landes, also Bulgarisch. Wie sich all diese Menschen untereinander verständigen, was sie meinen, wenn sie sprechen, und was sie sprechen, wenn sie denken – dieses komplexe und spannungsreiche Geflecht von Kommunikation bleibt für einen, der empfindlich für Sprache ist, eine lebenslange Schatztruhe. Und Canetti ist es. Früh und leicht eignet er sich neue Sprachen an. So lernt er zunächst Spaniolisch, Französisch und Englisch; und dann – als vierte Sprache erst – auch Deutsch. Erst nach dem plötzlichen Tod des Vaters 1912 habe ihm die Mutter die deutsche Sprache „eingepflanzt"; „unter Schmerzen", wie Canetti hinzufügt. So bitter und pädagogisch zweifelhaft diese Selbstaussage auch klingen mag: Durch diese Art des Spracherwerbs wird Deutsch für Canetti im wahrsten Sinne zur Muttersprache. Deutsch bleibt damit auch das Zeugnis der großen Liebe zwischen Mutter und Sohn.

Elias Canetti wird ein deutschsprachiger Dichter und als solcher am 10. Dezember 1981 mit dem Literaturnobelpreis geehrt. In seiner Verleihungsrede wird Johannes Edfeld zwar von einem „exilierten und kosmopolitischen Schriftsteller" sprechen, der aber seine Heimat in der deutschen Sprache gefunden habe. Ihr ist er treu geblieben. Dieses Beharren ist für ihn auch eine Form der Selbstbehauptung, wird eine Poetik des Widerstands. Im Gespräch mit dem Schriftsteller Horst Bienek erklärt Canetti 1965: „Nein, ich habe immer nur deutsch geschrieben und werde es nie anders halten. Deutsch war mir viel zu wichtig geworden, als ich nach England kam, um etwas daran zu ändern ... Ich wollte mir von niemandem – und schon gar nicht von Hitler – vorschreiben lassen, in welcher Sprache ich schreibe." Die Geschichte seiner Jugend, der erste Band seiner dreiteiligen Autobiografie, wird er auch in diesem Sinne mit *Die gerettete Zunge* überschreiben.

Der Literaturwissenschaftler Walter Hinck hat aber darauf hingewiesen, dass eine solche Weltläufigkeit ihren Preis hat. So bleibt Canettis Sprache die eines Buchmenschen: Hell und klar ist sie, aber auch nüchtern und mitunter kühl. Keine Dialektfärbung findet sich darin, nichts Volkssprachliches. „Und sie ist die Sprache eines Menschen, der nicht lacht", so Hinck.

Wer in den 1920er-Jahren in Wien lebt und in der Sprache Wirklichkeit, Welt und Verantwortung erkennt, kommt an dem Bruder in diesem Geiste natürlich nicht vorbei – an Karl Kraus (1874–1936), dem genialen Autor, der in seiner Zeitschrift *Die Fackel* mit seiner Sprachkritik zugleich Weltkritik betreibt. Mit dem Titel seines autobiografischen Bandes *Die Fackel im Ohr* wird Canetti diesem Lehrmeister der frühen Jahre seine Reverenz erweisen. Doch Canetti liest nicht nur Kraus, er besucht in Wien auch dessen legendäre Vorträge und vor allem die mit viel Pathos geschwängerten Rezitationsabende. Diese Erlebnisse werden zum Spracherlebnis und zur Spracherziehung der frühen Jahre. Karl Kraus ist mehr als nur ein Vorbild und Lehrer. Er steigt bald auf zu einem Idol, zu einer Art Gottheit, die – so lautet eine alte Erfahrung – nur von einer anderen Gottheit abgelöst werden kann. Das ist in diesem Fall Heinrich Heine. Ausgerechnet, hatte doch Kraus im Dichter seinen Erzfeind ausgemacht, der mit seinen Versen die deutsche Dichtung mit der „Franzosenkrankheit" infiziert habe: nämlich mit der Sprache des Feuilletons. Doch diese Kritik von Kraus hat nichts mehr zu tun mit feinsinniger Sprachkritik; sie ist dem jüdischen Selbsthass geschuldet.

Im Wien der 1920er-Jahre treffen im Leben Canettis zwei wichtige Erfahrungen aufeinander: die Sensibilisierung für Sprache und die erlebte Wirklichkeit. Im Zentrum dieser Schnittmenge steht ein Ereignis vom 15. Juli 1927, das Canetti als Augenzeuge verfolgt; das ist der Tag der Arbeiterdemonstration in Wien. Ein Gerichtsurteil im Burgenland empört die Menschen in der österreichischen Hauptstadt derart, dass sie das Justizministerium anzünden. Neunzig Menschen werden bei der Niederschlagung dieses Aufstands getötet. Canetti selbst hat auf zwei weitere Ereignisse hingewiesen, die ihm bedeutsam gewesen sind und die das Erleben vom Aufstand der Wiener Arbeiter flankieren: die feindlichen Menschen, die seinen jüngeren Bruder umringen, als dieser bei Kriegsausbruch 1914 öffentlich „God save the King" singt; und die große Demonstration in Frankfurt nach der Ermordung von Reichsaußenminister Walther Rathenau 1922. Der Einzelgänger und Bewohner einer Bücherhöhle erlebt für ihn Unerhörtes – wie der Trieb der Masse mit dem Trieb des Einzelnen konkurriert und diesen am Ende beherrscht. Canettis Lebenswerk wird durch diese drei Ereignisse initiiert. Aber nicht sofort: Canetti sammelt erst noch und macht sich Notizen. Nach eigenem Bekunden habe er 15 Jahre eigentlich nur Bleistifte angespitzt. Erst 1948 beginnt er mit einer strukturierten, zusammenhängenden Niederschrift, die er 1959 beendet. Ein Jahr später erscheint dann das Buch, es heißt *Masse und Macht*.

Das Buch ist ein Solitär in der europäischen Literatur. Dabei scheint es in der Mitte des 20. Jahrhunderts nach zwei Weltkriegen und einem in der Geschichte der Menschheit unvergleichlichen Massenmorden nichts Aktuelleres zu geben, als über das Verhältnis von Masse und Macht nachzudenken. Natürlich wird Canetti sich auch über Hitler auslassen, seinen Aufstieg und seinen Erfolg. Doch es sind nur ein paar wenige Seiten auf den insgesamt fast fünfhundert dieser Untersuchung. Elias Canetti geht dabei vom Versailler Friedensvertrag

1919 aus, den Hitler immer nur Diktat nennen wird, um die Vereinbarung der Nationen in einen fremden Befehl der Sieger zu verwandeln. Dieses Schlagwort bezeichnet Canetti als Glücksfall für den Diktator. Denn in nur einem Begriff lassen sich Triumph und Niederlage deutscher Geschichte bündeln: die deutsche Kaiser-Proklamation in Versailles 1871 und die Weltkriegsniederlage. „Der Inhalt der Bewegung war auf konzentrierte Weise in diesem einen Wort enthalten: Die Niederlage, die zum Sieg werden soll", schreibt Canetti. Und dazu setzt er noch seine Betrachtung des Hakenkreuz-Symbols mit seiner zweifach grausamen Bedeutung. Als Zeichen von zwei verbogenen Galgen scheint es den Betrachter auf hinterhältige Weise zu bedrohen – „als wolle es sagen: Warte, du wirst staunen, was da noch hängen wird". Und in seiner drehenden Bewegung schließlich gemahnt es an die gebrochenen Glieder all derer, die früher aufs Rad geflochten wurden. Das Wort, so Canetti, „hat sich vom christlichen Kreuz die grausamen und blutigen Züge geholt, so als wäre es gut zu kreuzigen".

Das Buch kann man als groß angelegte Untersuchung des Verhaltens von gesellschaftlichen Massen beschreiben, doch es ist mehr als nur eine Studie im gewohnten Sinne. Es ist diesem Werk auch in seiner Struktur, den Dutzenden von Unterkapiteln anzumerken, über welchen Zeitraum es entstand und reifte und wie vielfältig die Einflüsse auf den Autor gewesen sind. Canetti begibt sich auf die Suche nach dem Urphänomen von sogenannten spontanen Massenbildungen. Für ihn ist es die gemeinsame Flucht vor einer tödlichen Bedrohung; ganz gleich ob das im Tierreich ist oder in hochentwickelten Zivilisationen. Canetti entdeckt Hetz-, Flucht-, Verbots- und Umkehrungsmassen, er unterscheidet zwischen Klage- und Kriegsreligionen und beschreibt Formen des Überlebens. Auch der Parlamentarismus wird in diesem vielgestaltigen und vielfach inspirierten Werk Erwähnung finden als eine Art friedlicher Ersatz für ein vormals auf Krieg ausgerichtetes Massenritual.

Mit diesem Buch wird man nicht fertig; aus zu vielen Richtungen funkelt es, auf vielen Pfaden führt es den Leser zum Thema. Genau dadurch strahlt es eine Kraft und Lebendigkeit aus, die es so herausheben und den Autor Elias Canetti im deutschsprachigen Raum jetzt doch mehr und mehr namhaft werden lassen. Es ist die skandalös späte Entdeckung eines Schriftstellers in Deutschland, die dem „Drama seiner Resonanzlosigkeit" ein Ende setzt. Zu Beginn der 1960er-Jahre beginnt überhaupt erst eine vernehmliche Rezeption seines Werks im deutschsprachigen Raum – mit der Erstauflage von *Masse und Macht* und der 1963 erschienenen dritten Ausgabe von *Die Blendung*. Vor allem die Neuauflage seines Debütromans wird ihm zum Durchbruch verhelfen. Es ist die Wieder- beziehungsweise Erstentdeckung eines Buches, das 28 Jahre zuvor erstmals publiziert worden war. Zu diesem Zeitpunkt ist Canetti bereits 58 Jahre alt. Die gewandelte Rezeption setzt neue Potenziale frei. Eine Reihe von Büchern erscheint nun in vergleichsweise kurzer Abfolge, darunter die *Aufzeichnungen 1942–1948* sowie der Reisebericht *Die Stimmen von Marrakesch*.

Auch in der *Blendung* (die ursprünglich nur Auftakt einer mehrteiligen „Comédie Humaine an Irren" sein sollte) geht es – natürlich – um Sprache und einen Buchmenschen, den Privatgelehrten und Sinologen Kien. Canetti betritt die Bühne der Literatur also mit einem Roman, der sein einziger bleiben soll und der auch wie ein Jugendwerk anmutet. Wie bemüht ist sein Autor um eine Sprache des Alltags, um Wörter, die dem normalen Leben abgeschaut und abgelauscht wirken sollen. Wie der skurrile Dialog auf der Straße (im Grunde ist es ein pädagogisches Verhör) zwischen Kien und einem Jungen, mit dem der Roman anhebt, samt einer kleinen, für Canetti nicht untypischen Pointe: „Was tust du hier, mein Junge?" „Nichts." „Warum stehst du dann da?" „So." „Kannst du schon lesen?" „O ja." „Wie alt bist du?" „Neun vorüber." „Was hast du lieber: eine Schokolade oder ein Buch?" „Ein Buch." „Wirklich? Das ist schön von dir. Deshalb stehst du also da." „Ja." Der Roman, der auch autobiografische Züge trägt und immer wieder mit dem *Ulysses* von James Joyce verglichen worden ist, erzählt von einem uralten Konflikt: dem zwischen der Welterfahrung des Geistes beziehungsweise des Intellektuellen und der Lebenserfahrung der sogenannten Wirklichkeit – im Buch in der Gestalt von Kiens Haushälterin. *Die Blendung* ist eine Allegorie, deren strenger Aufbau von These, Antithese und scheinbarer Synthese sich an den Überschriften der drei Kapitel ablesen lässt: „Ein Kopf ohne Welt", „Kopflose Welt" und „Welt im Kopf". Kien wird von der Haushälterin zur Ehe verführt, versucht sich in Wahnideen zu retten und wird sich und seine 25.000 Bände umfassende Bibliothek im selbst gelegten Feuer verbrennen. Dem Buchmenschen wird auf diesem Wege rigoros der Prozess gemacht. Am Beginn dieser literarischen Laufbahn steht damit die Auseinandersetzung des Autors mit sich selbst.

Mehr als sein halbes Leben lang hat Elias Canetti als Geheimtipp gegolten. Vom Status einer Exil-Existenz, deren Schriften allenfalls unter Kennern gehandelt wurden, konnte er nur schwer Abstand nehmen. Vielleicht hat auch sein erzwungenes Exil ihn aus der Wahrnehmung der vor allem deutschsprachigen Öffentlichkeit verschwinden lassen. Dieser in Bulgarien geborene, in England, Österreich und Deutschland aufgewachsene und nach dem Zweiten Weltkrieg abwechselnd in England und der Schweiz lebende Autor lässt sich schwer verorten, nur unscharf identifizieren. Wie ein aus Zeit und Raum katapultierter Autor wirkt er, dessen Werk thematisch zwar homogen genannt werden könnte, das literarisch jedoch diskontinuierlich geblieben ist. Canetti hat ein Gesamtwerk hinterlassen, in dem manche den frühen Roman *Die Blendung* als Hauptwerk herauspicken, andere die philosophisch-gesellschaftliche Erkundung *Masse und Macht* und wieder andere die aus drei Bänden bestehende Autobiografie. *Die gerettete Zunge* erscheint 1977 und erzählt die Geschichte seiner

Jugend bis 1911; drei Jahre später kommt mit *Die Fackel im Ohr* eine Fortsetzung auf den Markt, in der seine Lebensgeschichte der Jahre 1921 bis 1931 zum prosaischen Gegenstand wird; schließlich erscheint 1985 *Das Augenspiel*, das die Jahre 1931 bis 1937 beschreibt.

Wer originell sein will (und gerade dieser Zugang scheint sich bei einem so originellen Denker anzubieten), kann Canettis Aphorismen und zahlreiche Aufzeichnungen ins Zentrum stellen. Als sollte damit einer, der lange Zeit nur in überschaubaren Leserzirkeln gehandelt wurde, erneut ins Reservoir der Experten überführt werden. Nur an seine obskuren Dramen wagt niemand mehr nachhaltig zu erinnern, von denen Johannes Edfeld in seiner auffallend kurzen Verleihungsrede sagt, sie seien „alle mehr oder weniger absurdistischer Art". Canettis dramatische Versuche sind schon zum Zeitpunkt ihrer Veröffentlichung weitgehend unbeachtet geblieben, ein Urteil, das auch heute nicht revidiert werden muss. Sein Gesamtwerk ist – angesichts seines fast neunzigjährigen Lebens – ein schmales geblieben. Viele seiner Bücher sind bemerkenswerte Solitäre. Diese einmalige Heterogenität tritt aber aus einer rein literaturgeschichtlichen Sicht heraus. Denn die Bücher sind ein Dokument des 20. Jahrhunderts. Das Werk des Literaturnobelpreisträgers des Jahres 1981 spiegelt die Erfahrungen von Verfolgung, Vertreibung und Entwurzelung, die Elias Canetti erleiden musste.

Literatur:
Gesammelte Werke. 10 Bände in Einzelausgaben. München: Hanser 1992–2005.
Werke. 13 Bände und ein Begleitband. Frankfurt: Fischer 1995.

Sekundärliteratur:
Penka Angelova: Elias Canetti – Spuren zum mythischen Denken. Zürich, Wien: Zsolnay 2005.
Sven Hanuschek: Elias Canetti – ein Biographie. München: Hanser 2005.
Carol Petersen: Elias Canetti. Berlin: Colloqium 1990.

Günter Grass

1927 | **16. Oktober geboren in Danzig, als Günter Wilhelm Graß**

1944 | **ab November Mitglied der Waffen-SS**

1947–48 | **Praktikum bei einem Steinmetz in Düsseldorf**

1948-52 | **Studium der Grafik und Bildhauerei an der Kunstakademie Düsseldorf**

1953-56 | **Studium an der Hochschule für Bildende Künste in Berlin**

1954 | **Heirat mit der Schweizerin Anna Schwarz**

1955 | **seit 1955 Mitglied der Gruppe 47**

1956-59 | **Aufenthalt in Paris**

1959 | *Die Blechtrommel*

1961 | **erste Wahlkampfunterstützung für den SPD-Kandidaten Willy Brandt**

1963 | *Hundejahre*

1965 | **Verleihung des Georg-Büchner-Preises**

1977 | *Der Butt*

1979 | **Heirat mit der Organistin Ute Grunert**

1979 | *Das Treffen in Telgte*

1995 | **seit 1995 wohnhaft in Behlendorf, nahe Lübeck**

1995 | *Ein weites Feld*

1999 | **Nobelpreis für Literatur**

2002 | *Im Krebsgang*

2006 | *Beim Häuten der Zwiebel*

2015 | **am 13. April gestorben in Lübeck**

Günter Grass | *der deutsche Blechtrommler*

von Lothar Schröder

„Zugegeben: ich bin Insasse einer Heil- und Pflegeanstalt …" Auch so kann große Literatur beginnen und in diesem Fall Weltliteratur. Mit diesem Satz betreten zwei Figuren die Bühne: Oskar Matzerath zum einen, der kleinwüchsige Blechtrommler, und zum anderen sein Schöpfer, der Schriftsteller Günter Grass. Über die immense Bedeutung des knapp achthundert Seiten umfassenden Romans *Die Blechtrommel* gab es schon im Jahr seiner Veröffentlichung nur wenig Zweifel. Das war 1959 – ohnehin ein überraschend fruchtbares Jahr für die deutsche Nachkriegsliteratur. So wird *Die Blechtrommel* flankiert von Uwe Johnsons *Mutmaßungen über Jakob* sowie Heinrich Bölls *Billard um halbzehn*. Dieses Prosa-Triptychon beschreibt die deutsche Gegenwart aus ihrer Vergangenheit heraus, deutet sie und nimmt sie in die Verantwortung. Die Zeit einer ersten Inventur war somit vorbei, das Konzept eines literarischen Kahlschlags, mit dem auch in der Sprache von vorn begonnen werden sollte, abgearbeitet und beendet. Und so dokumentiert die *Blechtrommel*, die im Gewand des Schelmenromans sich barocker Erzählformen bedient, auch das: Gegenwartsliteratur wird nicht aus dem Nichts geboren, sondern steht immer auch in der Nachfolge einer Literatur, die es verdient, erinnert, bedacht und tradiert zu werden.

Die Geschichte der *Blechtrommel* beginnt nicht erst mit der Veröffentlichung des Romans, und sie endet auch nicht 1999, also in dem Jahr, in dem Grass insbesondere für die *Blechtrommel* der Nobelpreis für Literatur zuerkannt und verliehen wurde. Sie beginnt vielmehr bereits 1958 in der Provinz – in einer Ortschaft namens Großholzleute und in einer Herberge namens Landgasthof Adler. Dort nämlich tagt die Gruppe 47 unter gewohnt strenger Leitung von Hans Werner Richter. Er lädt ein, wen er für passend hält; er bestimmt auch, wer lesen darf. Und diesmal trifft diese Gunst unter anderem Günter Grass. Der ist 31 Jahre alt, wildschnauzbärtig und bis dahin mäßig bekannt als Lyriker und Dramatiker von Stücken im Geiste des absurden Theaters. Zur ersten, faustdicken Überraschung gehört es darum, dass Grass jetzt aus einem Roman liest, und die zweite, dass dieses Epos ein literarischer Entwurf ist, der das Jahr, das folgende Jahrzehnt und das Jahrhundert überdauern wird: mit der Geschichte des in Danzig aufwachsenden Blechtrommlers Oskar Matzerath, der an seinem dritten Geburtstag nicht mehr zu wachsen beschließt und darum das Aufkommen der Nazis, den Ausbruch des Zweiten Weltkriegs, den Untergang des „Dritten Reichs" sowie die ersten Nachkriegsjahre in Westdeutschland aus ungewöhnlicher Perspektive beschreibt. Das scheinen bereits die Anwesenden damals in Großholzleute gespürt zu haben: „Schon nach den ersten Sätzen ist der Saal wie elektrisiert", erinnert sich Richter. Und Hans Magnus Enzensberger wird später ein wenig gönnerhaft das Urteil fällen, dass so nah wie Grass die deutsche Nachkriegsliteratur dem „Klassenziel der Weltkultur" wohl nicht mehr gekommen sei.

Bei aller frühen Anerkennung ist dem Buch auch Ungerechtigkeit widerfahren: Viele Jahre stand es unter Pornografie-Verdacht. Denn was sich gleich zu Beginn des Romans am Rande eines kaschubischen Kartoffelackers unter den vier Röcken der Anna Bronski ereignet, wurde in den 1960er-Jahren als ästhetisch zweifelhaft und moralisch verwerflich gesehen. Solche voreiligen Verdikte führten zu peinlichen Aktionen vermeintlicher Sittenwächter. Wie am 3. Oktober 1965 in Düsseldorf: An diesem Tag verbrannten rund zwanzig Mitglieder des pietistischen Jugendbundes „Entschiedenes Christentum" auch *Die Blechtrommel*, die ihrem moralischen Verständnis nicht entsprach. Auch zwei Diakonissen-Schwestern nahmen teil am Spektakel, zu dem fromme Lieder gesungen wurden.

Die Blechtrommel ist Fiktion; doch ihre Erzähllinie zeichnet grob auch das Leben von Grass selbst nach. Der wurde am 16. Oktober 1927 im Stadtteil Langfuhr der damals Freien Stadt Danzig geboren und begann, nach kurzem Kriegsdienst und Verwundung, zunächst 1947 eine Steinmetzlehre, ehe er ab 1948 an der Düsseldorfer Kunstakademie und ab 1953 an der Hochschule für Bildende Künste in Berlin studierte. In der rheinischen Landeshauptstadt versuchte sich Grass nicht nur am Waschbrett in einem Jazzlokal, das später Vorbild für den legendären Zwiebel-Keller im Roman werden sollte; dort wurde er auch angeregt zur besonderen Erzählstruktur der *Blechtrommel* – mit den Besuchen seines Freundes Franz Witte in der „Heil- und Pflegeanstalt" von Düsseldorf-Grafenberg, jener hermetischen Stätte also, die Oskar später als geschützter Erzählraum dienen wird. Das ist zugleich die typische Erzählsituation des Pikaro, der stets aus einer Art Asyl heraus und im bewussten Kontrast zur Welt Rückschau auf sein Leben hält. Zum Ausdruck kommt dabei die radikale Verweigerung am Geschehen der Welt weiter teilzuhaben. Eine solche Distanzierung nimmt bei Oskar schon in seinem Entschluss Gestalt an, sein Wachstum einzustellen. Ursprünglich war die Gestalt des kleinen Blechtrommlers von Grass als moderner Säulenheiliger gedacht; doch erwies sich diese Konstruktion letztlich als zu statisch.

Bei aller Parallelität der Lebensstationen ist der Roman nicht autobiografisch. Doch mit der Verarbeitung von persönlichen Erfahrungen und Erlebnissen werden in der *Blechtrommel* zahlreiche Motive und Themen angeschlagen, die das spätere Werk des Nobelpreisträgers formen und sein politisches Wirken sowie öffentliches Auftreten bestimmen werden. Dazu gehören die Fragen nach Scham und Schuld, nach kollektiver Verantwortung und persönlicher Mitverantwortung.

Dies alles kulminiert schließlich mit der Veröffentlichung seiner literarischen Autobiografie *Beim Häuten der Zwiebel* 2006. Darin schildert er erstmals, als Siebzehnjähriger nicht nur als Flakhelfer in der Wehrmacht, sondern auch Mitglied der Waffen-SS gewesen zu sein. Fast sechs Jahrzehnte später folgte somit die Aufarbeitung seiner persönlichen Geschichte. „Mein Schweigen über all die Jahre zählt zu den Gründen, warum ich dieses Buch geschrieben habe. Das musste raus, endlich", schreibt er. Und zur eigenen Entlastung könne er kaum etwas anführen. Etwa: Man hat uns verführt? Wohl kaum. „Nein, nicht wir haben uns, ich habe mich verführen lassen."

Es folgt eine in der Öffentlichkeit erregt und intensiv geführte Debatte über Wochen, die aber kaum die vermeintliche Schuld eines jungen Mannes im Blick hat, sondern vielmehr das viel zu lange Schweigen eines Schriftstellers, der wie kaum ein anderer auch politisch die Bundesrepublik begleitete, kommentierte, attackierte. Günter Grass, der über Jahrzehnte für die „Es-Pe-De" die sozialdemokratische Wahlkampftrommel rührte und sich insbesondere Bundeskanzler Willy Brandt (1913–1992) eng verbunden fühlte, nahm durchaus die Rolle des streitbaren politischen Mahners an und nutzte es, in der Öffentlichkeit als moralische Instanz zu wirken. Und das mehr als andere – und möglicherweise als Folge des Fehlverhaltens in jungen Jahren. Denn wer sich selbst belügt, gibt sich später nicht selten besonders moralisch.

Am Ende der Debatte zieht Grass gegen einen Biografen vor Gericht mit einer eidesstattlichen Versicherung, sich zwar freiwillig zur Wehrmacht gemeldet zu haben, nicht aber zur Waffen-SS. Denn zu dieser Einheit sei er „ohne eigenes Zutun" gekommen; es soll erst mit dem Einberufungsbefehl 1944 erfolgt sein. Das ist der Versuch einer allenfalls kosmetischen Korrektur, wo es nichts mehr zu beschönigen gibt. Nachdem der Autor die Zwiebel literarisch gehäutet hat, ist seine gesellschaftspolitische Glaubwürdigkeit beschädigt.

Zu dieser Diskussion gehört auch die Überlegung und öffentlich formulierte Frage, ob Grass nicht seinen sieben Jahre vor dem Bekenntnis verliehenen Literaturnobelpreis wieder zurückgeben solle. Zumal er diesen vermutlich nicht bekommen hätte, wäre die SS-Mitgliedschaft damals schon bekannt gewesen. Grass gibt den Preis nicht zurück. Auch die Schwedische Akademie fordert nicht die Aberkennung. Er wäre in der Geschichte des Nobelpreises ein einmaliger Vorgang gewesen; er bleibt auch diesmal aus.

Beim Häuten der Zwiebel steht im Zentrum eines Themenkomplexes im Spätwerk des Autors. So war bereits 2002 die Novelle *Im Krebsgang* erschienen, in der vom Untergang der „Wilhelm Gustloff" mit neuntausend Flüchtlingen im Januar 1945 erzählt und damit an das Leid auch deutscher Flüchtlinge erinnert wird. Es sei ein Versäumnis gewesen, nicht über das Unrecht der Vertreibung geschrieben und das Thema damit „sträflicherweise" den Nazis überlassen zu haben, sagt er damals. Ein Ausdruck auch verdrängter und kollektiver Scham. An der Lebensgeschichte dreier Figuren versucht Grass in dieser Novelle dem Thema gerecht zu werden und es vor einseitigen Deutungen zu bewahren – des Juden Frankfurter, des Nazis und Namensgebers des Schiffes, Gustloff, sowie des russischen U-Boot-Fahrers Marinesko, der das Schiff versenkte.

Das eine scheint mit dem anderen wenig zu tun zu haben. Doch in beiden Fällen geht es um verdrängte, verschwiegene Schuld, um Unterlassung und verleugnete Mitverantwortung. Das kann dann zu einer Gratwanderung werden, wenn im Nachgang dieser Versäumnisse die Rolle des Opfers mit jener des Täters vertauscht wird. Auch diese Differenzierung ist Grass nicht immer gelungen. So betonte er gegenüber dem israelischen Historiker Tom Segev, dass der Holocaust, der Massenmord an den Juden, nicht das einzige Verbrechen im Zweiten Weltkrieg gewesen sei. So müsse man auch daran erinnern, dass bis zu sechs Millionen deutsche Kriegsgefangene von den

Sowjets „liquidiert" worden seien. Damit wird das Leid der Soldaten mit der unvergleichlichen Vernichtung der Juden durch die Nazis aufgerechnet und die Shoah in dieser Gegenüberstellung relativiert. Schon in *Im Krebsgang* ist beim Untergang des Flüchtlingsschiffes von einem „nie gehörten Endschrei" die Rede. Das ist nichts anderes als die Umdrehung der Begriffs von der sogenannten Endlösung der Judenfrage. Nach den Worten des Literaturwissenschaftlers Klaus Briegleb verrate dies „einen bildlich wertenden Rollentausch der deutschen Opfer gegen die Opfer der Shoah". Die Attacke wird zu einer Form der Verdrängung im Werk eines Autors, dem Briegleb eine „immer schon große Anti-Israel-Impulsivität" unterstellt.

Solche Gegenüberstellungen lösen stets Diskussionen auch um den Autor aus; zuletzt war es sein 2012 in verschiedenen Tageszeitungen publiziertes Israel-kritisches Gedicht „Was gesagt werden muss". Darin stellt er die Behauptung auf, dass auch von Israel durch den Besitz von Atomwaffen eine Gefahr für den Weltfrieden ausgehen könne. „Ich schweige nicht mehr, weil ich der Heuchelei des Westens überdrüssig geworden bin", heißt es. Das Gedicht erschien am 4. April 2012, drei Tage vor Beginn des Pessach-Festes, mit dem die Juden an den Auszug ihres Volkes aus Ägypten erinnern und die Befreiung aus der Sklaverei feiern.

Günter Grass hat sich an Deutschland, deutscher Vergangenheit und deutscher Verantwortung gerieben und abgearbeitet – unermüdlich, mit Schreibstift und mit Zeichenfeder. Der Literaturwissenschaftler Volker Neuhaus hat bis zu den 1980er-Jahren vier Phasen in seinem Werk beschrieben: der Beginn mit Kurzprosa, Lyrik und Theaterstücken; beginnend mit der *Blechtrommel* dann die intensive Phase der „Danziger Trilogie" von 1959 bis 1963, zu der *Katz und Maus* sowie *Hundejahre* zählen; schließlich die Hinwendung zur Wirklichkeit mit dem Beginn seines bis dahin ungewöhnlichen politischen Engagements – unter anderem mit dem Trauerspiel *Die Plebe-*

jer proben den Aufstand und dem Roman *örtlich betäubt*; sowie seine Rückkehr zur großen Epik mit dem Gegenmärchen *Der Butt* von 1977 und *Das Treffen in Telgte* 1979, jener wundersamen Erzählung, mit der Grass die Gruppe 47 einige Jahre nach ihrem offiziellen Ende noch einmal literarisch wiederbeatmete und ihr ein barockes Denkmal setzte: Das Dichtertreffen verlegt er in die Zeit des Dreißigjährigen Krieges und verewigt Hans Werner Richter in der Figur des Simon Dach. „Gestern wird sein, was morgen gewesen ist", heißt es zu Beginn. Die Erzählung hebt mit einer literarischen Programmatik an. Wer erzählt, schert sich danach nicht um Vergangenheit, Gegenwart und Zukunft, sondern richtet sich ein in eine eigene Zeitrechnung – der der „Vergegenkunft".

Grass hat die ökologische Katastrophe zu Literatur und Kunst werden lassen, in *Totes Holz* (1990) sowie in *Die Rättin* (1986) ein atomares Untergangsszenario beschrieben, das mit der Auslöschung aller Märchenfiguren auch dem Erzählen auf ewig ein Ende setzen würde. Diesem Buch ging die Feltrinelli-Rede 1982 voraus, die Grass unter den Titel „Der Vernichtung der Menschheit hat begonnen" stellte. Er hat deutlich gemacht, dass es ums Ganze geht, weil unsere Gegenwart „die Zukunft fraglich" mache. Und immer wieder wird ihm Deutschland zum Thema, zwischen Ost und West und mit dem Erbe zeitloser Überwachung lebend – in *Unkenrufe* von 1992 und *Ein weites Feld* drei Jahre später. An die Erzählfreude der ersten Jahre – vor allem der „Danziger Trilogie" – reicht das Spätwerk aber selten heran.

Günter Grass hat nicht nur geschrieben. Es existiert kein Buch von ihm ohne eine Titelgrafik aus seiner Hand. Bei ihm setzt das Schreiben das Zeichnen fort, und umgekehrt. Ein schreibender Zeichner sei jemand, so Grass, „der die Tinte nicht wechselt". Das hat er exzessiv in seinem anklagenden Indien-Reisebuch *Zunge zeigen* (1988) beschrieben und fortgesetzt bis zum Schluss, bis *Vonne Endlichkait*, seinem letzten, noch eigenhändig abgeschlossenen Buch, das aber erst einige Wochen nach seinem Tod am 13. April 2015 erscheint. Dort findet sich ein Gedicht vom langen Strich, dem kein Ziel gesetzt ist, „dessen Atem nur sich meint, der nie ermüdet, solange die Tinte fließt". Da wird noch einmal der Traum jedes Schöpfers geträumt: der von der kleinen Unsterblichkeit. Absichtslos, heiter-melancholisch sind viele Texte in diesem Buch, mit dem er versucht, auch Gevatter Tod fast albern ein Schnippchen zu schlagen. Sein Totengedicht „Weg ist er weg" erzählt vom Kleiderschrank, in dem er jeden Bügel mit Klamotten toter Freunde behängt. „Ein Bügel bleibt leer, vermutlich für mich", heißt es. Und er? Verschließt den Schrank und verschluckt den Schlüssel.

Günter Grass ist kein Ein-Buch-Autor. Und doch kommt man immer wieder auf seinen Jahrhundertroman zurück, der Weltgeschichte realistisch erzählt und dennoch das Fantastische nicht ausspart. *Die Blechtrommel* hat den magischen Realismus vorweggenommen und ihm den Boden bereitet. Kein Geringerer als Gabriel García Márquez hat dem Roman diese große Bedeutung immer wieder attestiert. Er gehörte zur sogenannten Grass-Schule, zu der sich weitere namhafte Autoren stets bekannt haben: Kurt Vonnegut etwa, Nadine Gordimer und Salman Rushdie. John Irving lässt in *Das Hotel New Hampshire* seinen Erzähler sagen, dass die Lektüre der *Blechtrommel* das vielleicht größte Erlebnis in seinem Leben gewesen sei. In der Figur des Owen Meany wird Irving später sogar einen Wiedergänger des Oskar Matzerath erschaffen, worauf nicht nur die Initialen O. M. anspielen.

So landet man immer wieder doch bei Oskar, beim kleinen Oskarchen, wie er liebe- und sorgenvoll in seiner Familie genannt wird. Bei jenem Schelm, der bei einer Nazi-Kundgebung unter der Holztribüne Platz nimmt und die Nazis nach seinem Trommeltakt springen lässt. Oskar lässt sich nicht verführen, ihm reicht die Kraft zu widerstehen. Die literarische Figur ist somit stärker und widerständiger als ihr Schöpfer. Aber vielleicht ist genau das das Wesen aller Fiktion. Sie zu erschaffen und sie der Welt als zeitloses Sinnbild anzuvertrauen, ist die große Leistung und der bleibende Verdienst von Günter Grass.

Vielleicht war Grass aber auch tiefer verstrickt in die Handlung seines Romans, als es für einen Autor gewöhnlich der Fall ist. Wie in der Szene des Zwiebelkellers, in dem sich die Leute im Nachkriegsdeutschland einfinden, um in einem skurril anmutenden Gemeinschaftserlebnis wenigstens im schmerzenden Anblick der aufgeschnittenen Knolle ein paar Tränen vergießen zu können. Die Zwiebel wird zum „Trauerkloß" und der Vorgang zu einem Sinnbild der deutschen Nation nach dem Krieg. Ihr nämlich hatten die Psychoanalytiker Margarete und Alexander Mitscherlich 1967 die „Unfähigkeit zu trauern" über das begangene Unrecht attestiert. Eine „kollektive Verleumdung" lautete der psychopathologische Befund dieser Zeit. Ein erkennbares Zeichen dafür war danach das Wirtschaftswunder als Ausdruck einer enormen psychischen Abwehrleistung. Der ungeheure wie erfolgreiche Aufbaueifer fungierte gewissermaßen als Antidepressivum und als Ersatz für frühere Ideale, die plötzlich in Schutt und Asche zerfallen und nicht mehr verfügbar waren. Der Zwiebelkeller beschreibt den psychologischen Zustand einer Nation; in seiner Autobiografie häutete Grass dann für sich die wahrheitsspendende Zwiebel.

Vielleicht steckt in Günter Grass, dem Autor, zudem mehr Oskar, als man glaubt. Denn auch Oskar lässt sich in seinem Lebensbericht ein Hintertürchen offen. „Zugegeben: ich bin Insasse einer Heil- und Pflegeanstalt." Der erste Satz der *Blechtrommel* verrät manches. Den Ort des Erzählers zum Beispiel, an dem nichts mehr als das Schreiben passieren kann. Vor allem das dominante Ich wird zu einem wichtigen Hinweis, denn im Folgenden wird er allein uns als Quelle und Gewährsmann dienen. Das erste Wort hingegen sät die ersten Zweifel. Denn wer eigens betonen muss, etwas „zuzugeben", dürfte gelegentlich auch in die Versuchung kommen, etwas zu verschweigen. Dieser Erzähler ist ein fragwürdiger Zeuge.

Literatur:
Danziger Trilogie. Göttingen: Steidl 1999.
Vonne Endlichkait. Göttingen: Steidl 2015.
Werkausgabe in achtzehn Bänden. Steidl ab 2003.

Sekundärliteratur:
Michael Jürgs: Bürger Grass – eine deutsche Biografie. München: Bertelsmann 2015.
Volker Neuhaus: Günter Grass: Schriftsteller, Künstler, Zeitgenosse. Eine Biografie. Göttingen: Steidl 2012.

Elfriede Jelinek

1946 | **20. Oktober geboren in Mürzzuschlag (Steiermark);
Besuch der Katholischen Klosterschule Notre Dame de Sion,
danach des öffentlich-rechtlichen Realgymnasiums; restriktive
Erziehung durch die Mutter, intensiver Ballett- und
Musikunterricht (Klavier, Gitarre, Blockflöte, Geige und Bratsche)**

1960 | **Studium Klavier und Komposition am Wiener Konservatorium**

1964 | **nach dem Abitur Studium Theaterwissenschaften und
Kunstgeschichte in Wien**

1967 | **Abbruch des Studiums und Beginn der schriftstellerischen Tätigkeit**

1968 | **erste Buchveröffentlichung** *Bukolit. Hörroman*

1974 | **Beitritt zur KPÖ (Mitglied bis 1991)**

1974 | **Heirat mit dem Filmkomponisten Gottfried Hüngsberg,
seitdem abwechselnd in Wien und München lebend**

1975 | **Durchbruch mit dem Roman** *Die Liebhaberinnen*

1983 | *Die Klavierspielerin*

1986 | **Heinrich-Böll-Preis der Stadt Köln**

1995-97 | **wegen öffentlicher Attacken durch die FPÖ erlässt Jelinek
ein Aufführungsverbot ihrer Stücke in Österreich**

1998 | **Georg-Büchner-Preis**

2000 | **aus Protest gegen die Regierungsbeteiligung der FPÖ neuerliches
Aufführungsverbot für Österreich**

2004 | **Nobelpreis für Literatur**

Elfriede Jelinek | *Skandal in Permanenz*

von Enno Stahl

Thomas Bernhard hat ihn nicht, Peter Handke hat ihn nicht, aber Elfriede Jelinek hat ihn. Nicht der richtungweisende österreichische Dramatiker und polemische Prosaist, nicht der dominierende Erzähler der 70er- und 80er-Jahre, der glänzendhaargenaue Stilist und Sprachpedant, sondern Elfriede Jelinek, die mit ihren Texten von Beginn an und dann immer wieder provozierte, die Sätze bildete wie: „zuckend kracht sein Schwanz in ihre Büsche."

Daher ist es nicht verwunderlich, dass der Nobelpreis für Jelinek nicht unumstritten war und als große Überraschung wahrgenommen wurde. Hans Mayer schrieb, der offiziellen Mitteilung an die wartende Weltpresse im Stockholmer „Börsen" folgte ein Augenblick vollkommener Stille: „Das sonst fast obligatorische ‚Endlich!', wenn ein lange zur Runde der Kandidaten gezählter Autor ausgezeichnet wird, es unterbleibt in diesem Jahr. Mit Elfriede Jelinek hat niemand gerechnet."

In deutschen und österreichischen Medien wurde die Wahl Jelineks fast durchweg gefeiert, Einigkeit von Marcel Reich-Ranicki bis Alice Schwarzer, international dagegen wunderte sich so mancher, die französische Presseagentur AFP dachte zunächst, bei Jelinek handele es sich um einen Mann. Die *New York Times*, der *Guardian*, alle drückten ihr Erstaunen aus.

Angeblich war selbst in der Akademie die Stimmung nicht einhellig. Mit Knut Ahnlund trat sogar ein Mitglied des Komitees aus Protest gegen Jelineks Inthronisierung zurück, eigenartigerweise allerdings erst ein Jahr später. Am 11. Oktober 2005 schrieb er im *Svenska Dagbladet*, dass er ihr Werk als „nörgelnde, ungenießbare, gewalttätige Pornographie" betrachte. Die Entscheidung für Jelinek habe „dem Wert des Preises irreparablen Schaden für die weitere Zukunft" zugefügt, und er supponierte, nur eine „winzige Zahl" der achtzehn Preisrichter habe überhaupt ein einziges Buch von ihr gelesen. Der Ständige Sekretär, Horace Engdahl, widersprach dieser Darstellung vehement, gegenüber dem *Guardian* betonte er, Ahnlund habe den Akademietreffen seit fast zehn Jahren nicht mehr beigewohnt und sei auch in die Diskussionen, die zur Kür Elfriede Jelineks geführt hätten, nicht eingeweiht gewesen: „was er in seinem Artikel sagt, muss als bloße Spekulation betrachtet werden".

Engdahl wird vermutlich ein starker Befürworter Jelineks gewesen sein, erweist er sich doch in seiner Preisrede als ungewöhnlich kundig, wenn man frühere Begründungen dagegenhält – er widerlegt damit Ahnlunds Mutmaßungen zumindest für seine Person, da er die gesamte Bandbreite des Jelinek'schen Werks mit einzubegreifen scheint. An den Texten der Preisträgerin verblüffe „die fremde, nicht zuzuordnende Stimme, die aus ihnen spricht". Die Autorin sei „überall und doch nie greifbar; niemals gibt sie sich hinter ihren Worten zu erkennen", sie manipuliere „die Codes der Unterhaltungsliteratur und Comics, der Seifenopern, der Pornographie und sogar des Heimatromans, so daß der diesen vordergründig harmlos erscheinenden Konsumphänomenen innewohnende Wahnsinn sichtbar" werde. In dem „musikalischen Ausdruck von Stimme und Gegenstimme" entstehe „eine Welt für sich, erhellt allein durch ihre lebensstiftende Wut", diese Literatur sei „von einer grausamen Jovialität, die frei von Hoffnung wie die düsteren Strahlen einer schwarzen Sonne scheint".

Diese Beschreibungen erscheinen fast wie eine vollkommene Umkehr: Während man in den ersten Jahrzehnten in Anlehnung an das Testament Alfred Nobels (und in womöglich verfremdender Interpretation) stets das idealistische Schöne in der Literatur suchte und zu finden glaubte, ist es nun im Gegenteil tiefste Negativität.

Jelinek selbst äußerte sich zur Preisverleihung: „Natürlich freue ich mich auch, da hat es keinen Sinn, zu heucheln, aber ich verspüre eigentlich mehr Verzweiflung als Freude." Das bezog sich auf den Rummel, der nun auf sie wartete. Eine Konsequenz war, dass sie den Preis nicht selbst entgegennahm, sondern ihr Mann. Dennoch war sie abwesend anwesend, da sie ihre Dankesrede per Videobotschaft übermittelte. Diese Zwiespältigkeit zieht sich durch ihre gesamte Selbstdarstellung, einerseits scheut sie öffentliche Auftritte, andererseits kursieren von kaum einem zeitgenössischen Autor so viele Fotos, Porträts und Interviews in den Medien wie von ihr, auf diesen Widerspruch wies Sigrid Löffler hin. Der sorgfältigen Inszenierung ihrer Person, die bis in die Kleiderwahl, ob Lederoutfit oder Designermode, nebst wechselnden Frisuren genauestens durchkomponiert ist, steht der physische Rückzug aus der Öffentlichkeit gegenüber. Sosehr sie also in ihren Texten gegen die Medien wütet, so massiv nutzt sie deren Möglichkeiten zur Propagierung eines von ihr gesteuerten Autoren-Images.

Exakt dieser Widerspruch zieht sich auch durch ihre Texte. In ihrer Dankesrede mit dem vielsagenden Titel „Im Abseits" sagt sie: „Ich bin Gefangene meiner Sprache, die mein Gefängniswärter ist." Sie als Person, ihr Inneres ist in ihrer Literatur verkapselt, verborgen, zurückgezogen, fremd, nicht zuzuordnen, wie Engdahl richtig bemerkte, gleichzeitig schlägt sie in Worten zu, teilt aus, drastisch und mitunter verletzend wie niemand sonst. Ihr Stück *In den Alpen* (2002) etwa thematisiert die Brandkatastrophe im Tunnel von Kaprun (am 11. November 2000 verbrannten hier beim technischen Defekt eines Zuges einhundertfünfundfünfzig Menschen); nicht ohne Hohn gegenüber den Skifahrern, die mit dieser Bergbahn in die Alpen fahren wollten, und deren Sportbekleidung heißt es da: „man wäre nicht so unter sich, wie wenn man unter 170 Menschen ist, von denen einige, mitsamt ihrer Schmelzkäsebekleidung, durch den Boden hindurchgetropft sind und die Schienen mit ihrer Asche belegt haben. Dazu die leckeren Flocken von Plexiglas der Fahrerkabine. Ein dick belegtes Brot für die Ewigkeit wird das." Nicht nur für die Angehörigen der Opfer geht das deutlich über die Schmerzgrenze hinaus, selbst der etwas morbide schwarze Humor der Österreicher, dem Jelinek sehr verpflichtet ist, reicht hier als Erklärung nicht aus.

Ein Hang zur Skandalisierung ist eigentlich allen Texten Jelineks zu eigen, und diese Fähigkeit, Erregungspotenziale zu transportieren, die dann auch folgerichtig in der Gesellschaft zu heißen Debatten führen, hat gewiss maßgeblichen Anteil an ihrem Erfolg. Schon ihr erstes Buch, das in einem größeren Verlag erschien, *wir sind lockvögel baby!* (1970), birgt diese Tendenz. Eigentlich steht dieser „Pop-Roman" fast schon klassisch in der Tradition von DADA und Wiener Gruppe, mit Kleinschrift, ohne Kommata und Trennzeichen, nur erschien Jelineks Romancollage beim Rowohlt Verlag, sodass ihm gleich größere Aufmerksamkeit beschieden war als den Vorläufern, die analog zu ihren autonomistischen Konzepten zumeist in eigenen oder kleinen Verlagen veröffentlicht wurden. Diese Wirkung, die vielen anderen österreichischen Literaten, die derselben Traditionslinie folgen, nicht beschieden war und ist, resultierte aber stark aus den explizit provokativen Ingredienzien, die Jelinek der Leserschaft auftischte. Das Buch wartet schon zu Beginn mit einer „gebrauchsanweisung" auf, die nahelegt, auf die Lektüre zu verzichten und sich einen eigenen Untertitel, sechs stehen zu Wahl, auszuschneiden und einzukleben. Ironisch gewidmet ist der Roman dem österreichischen Bundesheer. Ansonsten sind bereits alle Bestandteile Jelinek'scher Sprachexerzitien vorhanden, Pop-Elemente, Hardcore-Gewalt und Sex, verklausulierte Obszönitäten. „dschingiskan fröstelt etwas trotz des pelzmantels in den er sich gehüllt hat und der aus den schamhaaren seiner schönsten mädchen besteht", heißt es da etwa oder: „aus den fenstern sausen leichenteile mit überschallgeschwindigkeit". Eine Handlung oder fixierbare Personen gibt es nicht, im Zentrum steht die Sprache.

Eine gewisse Ausnahme bildet ihr wahrscheinlich berühmtester Roman *Die Klavierspielerin* (1983), von Michael Haneke mit Isabelle Huppert in der Hauptrolle verfilmt. Die Protagonistin, Erika Kohout, ist durch eine Mischung aus übergroßer Verletzlichkeit und herausbrechender Aggressivität gekennzeichnet, wobei Letztere sich häufig auch gegen sie selbst richtet. Einige biografische Details der Protagonistin weisen Parallelen zur Lebensgeschichte von Elfriede Jelinek selbst auf, die Kindheit als Klosterschülerin, eine dominante Mutterfigur, die ihre Tochter durch gnadenlosen Drill zum musikalischen Wunderkind formen will, was misslingt. Dazu ein Vater, der in der Psychiatrie verstarb – alles wie bei Jelinek. Und wie die Autorin lebt auch Erika Kohout mit Ende dreißig mit der Mutter zusammen (Jelinek teilte, sogar noch nach ihrer Heirat, mit ihrer Mutter bis zu deren Lebensende eine Wohnung in Wien). Viele Leser und Interpreten des Werks sahen daher in der *Klavierspielerin* einen Schlüsselroman, der bis in die Einzelheiten, Autoaggression, sexuelle Abweichungen und psychopathologische Neigungen, dem Beispiel der Autorin selbst nachgebildet sei – aber wie üblich vermischen sich hier wohl Autobiografie und Fiktion. Dem Erfolg des Buches taten diese Spekulationen sicherlich gut.

Erika Kohout lebt völlig unter der Knute ihrer Mutter, sie teilt mit ihr nicht nur die Wohnung, sondern sogar das Bett. Männerbekanntschaften werden von der Mutter verhindert. Erikas unterdrückte Triebe brechen sich dadurch Bahn, dass sie sich mit einer Rasierklinge selbst verletzt, an der Hand, aber auch im Schambereich: „ihr Hobby ist das Schneiden am eigenen Körper."

Als gescheitertes Musikgenie ist Erika Kohout nun Klavierlehrerin am Wiener Konservatorium. „Die Zeit vergeht, und wir vergehen in ihr (...). Erika ist ein Insekt, zeitlos, alterslos", heißt es. Doch dann beginnt ein junger Schüler (mit dem sprechenden Namen Walter Klemmer), energisch um sie zu werben. Sie hält ihn auf Distanz, lässt kleinere sexuelle Handlungen nur unter ihrer dominanten Steuerung zu. Dann überreicht sie ihm einen Brief, in dem sie ihn ausdrücklich dazu auffordert, sadosexuelle Praktiken an ihr zu verüben, sie zu schlagen, zu knebeln, anzuschreien und zu vergewaltigen. Klemmer kann damit nichts anfangen und verschwindet. Da er nicht zum Unterricht kommt, passt Erika Kohout ihn ab, zerrt ihn in eine Besenkammer und will ihn oral befriedigen, es kommt aber zu keiner Erektion. Wutentbrannt flieht er erneut, um später am Abend Einlass in ihre Wohnung zu verlangen. Hier nun vergeht er sich brutal an ihr, in kaltschnäuziger Verkennung ihrer geheimen Wünsche: „In werkzeughafter Aneignung umklammerte der Mann die Tochter dieser Mutter." Diese Vergewaltigungsszene wird von Jelinek über mehr als zehn Seiten detailliert geschildert, Klemmer lässt seinem Hass freien Lauf: „Nur aus Unwahrhaftigkeit gegen sich selbst konnte er diesen wunderbaren Haß so lange mit Liebe bemänteln. Dieser Liebesmantel hat ihm lange gefallen, doch jetzt fällt er herab."

Natürlich wird darin die Gewalt gegen Frauen nicht als Einzelfall, sondern exemplarisch verhandelt, Klemmers Wut, die sich „aus Anlaß von Verliebtheit langsam wenn auch gründlich ausgebildet" hat, gilt demnach nicht nur der Protagonistin: „In Erika erwachsen dem Mann nun viele andere, die er immer schon zu beseitigen wünschte." Seine Aggression ist damit die Aggression des Mannes gegen Frauen schlechthin. Die weibliche Reaktion, also die Erikas, ist ebenso standardisiert – statt ihn anzuzeigen, bestraft sie sich selbst, indem sie sich ein Messer in die Schulter sticht.

Diese Tendenz, verdinglichte Sexualbeziehungen zwischen Mann und Frau in greller Überzeichnung darzustellen, steht auch im Zentrum von Jelineks meistverkauftem Roman *Lust*, das Buch profitierte kommerziell davon, dass es von weiten Kreisen als weiblicher Porno aufgefasst wurde.

Der Plot ist schnell erzählt: Ein Fabrikdirektor macht sich, da aus Aidsangst außerehelicher Geschlechtsverkehr nicht mehr infrage kommt, seine Frau radikal sexuell zunutze. Sie selbst nimmt sich dann einen Liebhaber und ertränkt am Ende ihren Sohn, in dem sie die – allgemein männlichen – Eigenschaften des Vaters bereits zu erkennen meint.

Hauptsächlich geht es um die Formen der Aneignung des weiblichen Körpers durch den Mann, den Direktor. Jelinek entfaltet dafür eine Vielzahl von verklausulierenden Umschreibungen aus dem vegetabilen oder kulinarischen Bereich. Wolfgang Beutin, der in einem Buch die Leistungen namhafter Autoren sprachkritisch untersucht hat, zeigt sich dagegen schockiert über die inhaltliche und sprachliche Banalität des Romans. Während aus Frauensicht oft dafür votiert wird, dass Jelinek dieses überkommene Geschlechterbild als Beleg der Rückständigkeit der Gesellschaft zeichne, kritisiert Beutin Jelineks Position als gestrig, da sie neuere Erkenntnisse der Sexual- und Genderforschung völlig außer Acht lasse. Geschlechter seien nicht mehr so säuberlich getrennt und konturiert, daher herrsche keine solch dominante Ausschließlichkeit im Verhältnis zwischen Mann und Frau, wie Jelinek das suggeriere, die zudem (O-Ton Jelinek: „Es gibt einfach nichts Lächerlicheres als Männer in Ballettröckchen") devianten Formen der Sexualität in rigoroser Ablehnung gegenüberstehe.

Man kann zu diesem Urteil gelangen, wenn man sich nicht auf den Sog von Jelineks Gewalt- und Powerprosa einlassen, ihre Diskursprovokationen nicht schon per se als Sozialkritik werten mag. Nach Beutin beschreibe Jelinek keine gegenwärtige oder zukünftige Gesellschaft, sondern präsentiere „allein ein bestürzend monomanes Zerrbild", von dem sehr fraglich sei, „ob es überhaupt ein gesellschaftliches Moment widerspiegelt, nicht nur ein grausiges Phantasma". Manche, vielleicht sogar viele, werden das anders sehen. Aber eines stimmt: Bisweilen wirken Elfriede Jelineks Romane, ausgenommen Die *Klavier-*

spielerin, aber etwa die genannten *lockvögel*, *Die Kinder der Toten* (1995), *Gier* (2000), *Neid* (2007/08) und auch Dramen wie *Das Werk* (2003), *Die Kontrakte des Kaufmanns* (2009) oder *Die Schutzbefohlenen* (2013) wie ein einziger gigantischer durchlaufender Text, zwar mit wechselnden Schwerpunkten, doch sonst eine nicht enden wollende Suada, ein Würgen, ein Stammeln mit nihilistischem Unterton, voll Ekel und Abscheu gegenüber der kapitalistischen Ausrichtung der Welt und den darin lebenden Menschen.

Gerade deshalb ist die politische Kraft, die dieser Literatur allerseits bescheinigt wird, etwas fraglich. Wenn man so abgrundtief hasst, die Menschen und alles, was sie tun, als niederste, tierhafte Verrichtungen ansieht, dann stellt man sich weit außerhalb der Gesellschaft, außerhalb jedes möglichen Dialogs, a-sozial im ursprünglichen Sinne und daher auch nur bedingt politisch. Denn wie und worauf sollten die Texte einwirken? Natürlich ist Elfriede Jelinek eine politische Autorin, auf ihrer Webseite finden sich unzählige Texte, mit denen sie zu aktuellen politischen Fragen Stellung nimmt. Sie ist es und ist es gleichzeitig wieder nicht, sie dekuvriert Herrschaftsformen und ihre Codes, aber sie dekuvriert, ja desavouiert den Menschen, die ganze Menschheit gleich mit. Jelineks belletristische Äußerungen besitzen im Innersten eine Leerstelle. Ihnen fehlt ein wahrhaft politischer Geist, der die Indolenz der Herrschenden gegen die Menschenungleichheit geißelt und sich gleichzeitig menschlich mit den Schwachen solidarisiert. In ihnen waltet eher der elitär-solipsistische Furor Herostrats. Will Elfriede Jelinek alle Menschen am liebsten entfernt sehen?

Dieser Eindruck mag an ihrer Konzeption liegen, die Inhalte, also eine erkennbare narrative Handlung und Personen als Identifikationsfiguren, weitgehend ausschließt. Aus ihrer stilistischen Provenienz machte die Autorin nie ein Geheimnis: „Ich stehe in der Traditionslinie der Wiener Gruppe. Vom frühen Wittgenstein über Karl Kraus bis zur Wiener Gruppe ist das eine sehr sprachzentrierte Literatur, die eigentlich weniger mit Inhalten arbeitet als mit der Lautlichkeit, mit dem Klang von Sprache."

Diese Einflüsse sind in der Tat unübersehbar: Sprachspiele, absichtliche Verhunzungen und schiefe Bilder, dabei extensive Montagen von Fremdtexten, etwa Hölderlins, Heideggers, Celans und vieler anderer – ihr Werk kann als „post-avantgardistisch" gelten. Ob es später einmal als epigonaler Neuaufguss von Schreibansätzen und -techniken der historischen Avantgarde oder als genuine Fortentwicklung dieser Traditionslinie gelten wird, ist von heute aus schwer zu sagen. Trotz der völlig andersgearteten Form und Stilistik bergen auch Jelineks Werke wie die Heinrich Bölls, vor allem die Dramen, sehr starke Bindungen an die Aktualität, oft gibt es konkrete Schreibanlässe wie das erwähnte Unglück von Kaprun, den Einsturz des Kölner Stadtarchivs oder die Flüchtlingskrise. Die Frage wird sein, ob die Problematiken, die sie daran knüpft, als zeitlos bestehen bleiben oder nicht. Auch bei der Sprache selbst wird sich in der Zukunft erweisen müssen, ob ihr wortspielerischer, mitunter bis zum Kalauern mutierender Stil dem Ernst der verhandelten Themen angemessen bleiben wird. Es kann sein, vielleicht aber auch nicht.

Literatur:

Die Klavierspielerin. Roman. Reinbek: Rowohlt 1983.
Lust. Roman. Reinbek: Rowohlt 1989.
Neid. Roman. 2007/08 (nur online verfügbar unter www.elfriedejelinek.com).
Zahlreiche Dramen in Sammelbänden mit mehreren Stücken erschienen, zuletzt:
Das schweigende Mädchen/Ulrike Maria Stuart. Zwei Theaterstücke. Reinbek:
Rowohlt Taschenbuch Verlag 2015.

Sekundärliteratur:

Pia Janke: Elfriede Jelinek: Werk und Rezeption. 2 Bände.
Wien: Praesens-Verlag 2014.
Pia Janke (Hg.): Jelinek-Handbuch. Stuttgart, Weimar: Metzler 2013.

Herta Müller

1953 | **17. August geboren in Nitzkydorf, Rumänien**

1973-76 | **Studium der Germanistik und Rumänistik in Temeswar**

1976-79 | **Übersetzerin, anschließend bis 1983 Deutschlehrerin
in Temeswar**

1982–84 | **Veröffentlichung ihres ersten Buches** *Niederungen*; **dafür bekam sie den Debütpreis des rumänischen
Schriftstellerverbands**

1987 | **Ausreise in Bundesrepublik Deutschland**

1989 | *Reisende auf einem Bein*

1990 | **Trennung von ihrem Ehemann, dem Schriftsteller Richard Wagner**

1994 | *Herztier*; **2009 als Theaterfassung am Berliner Maxim-Gorki-
Theater uraufgeführt**

2001 | **Tübinger Poetik-Dozentur**

2009 | *Atemschaukel*

2009 | **Ehrengabe der Heinrich-Heine-Gesellschaft**

2009 | **Nobelpreis für Literatur**

2010 | **Großes Verdienstkreuz mit Stern des Verdienstordens
der Bundesrepublik Deutschland**

Herta Müller | *die Dichterin aus dem Banat*

von Lothar Schröder

Ein Abend, der auch von den Mühen erzählt, Fuß zu fassen. Oder überhaupt erst einmal anzukommen. Oder wenigstens einen Unterschlupf zu finden in etwas, was man provisorisch Literaturbetrieb nennen könnte. So sitzt Herta Müller auf einem übersichtlichen Podium in einer Stadtbibliothek des Ruhrgebiets. Zwei Jahre zuvor, 1987, war sie aus Rumänien ausgereist; genauer: aus der Enklave deutschsprachiger Banatschwaben. Mit im Gepäck hat sie die bedrückende Geschichte ihres Lebens – ihr Prosadebüt *Niederungen*, das bereits 1984 erschienen war. Das Buch ist eine literarische Chronik ihres Lebens im Banat in vielen Prosastücken, die so schonungslos sind, dass sich die Autorin damit geistig schon drei Jahre vor ihrer Ausreise aus der Heimat verabschiedet. Denn die Prosasammlung wird zu einem Aufschrei und einer Abrechnung; sie ist das Dokument einer traumatischen Kindheit in der Enge und Rückständigkeit einer abgeschlossenen, allenfalls geduldeten, falschen Mini-Welt. *Niederungen* ist eine Anti-Idylle und der Bericht aus einer erstarrten, beschränkten, korrumpierten Welt. „Meine Mutter ist ein vermummtes Weib. Meine Großmutter ist starblind. Sie hat auf einem Auge den grauen Star und auf dem anderen den grünen. Mein Großvater hat den Hodenbruch. Mein Vater hat noch ein anderes Kind mit einer anderen Frau. Ich kenne die andere Frau und das andere Kind nicht. Das andere Kind ist älter als ich, und die Leute sagen, daß ich deshalb von einem anderen Mann bin", heißt es in größtmöglicher und kalter Lakonie in „Meine Familie". Zwei Jahre später – und ein Jahr vor ihrer Ausreise – nimmt das Weggehen immer stärker auch literarische Gestalt an. So hebt ihre Erzählung *Der Mensch ist ein großer Fasan auf der Welt* (1986) mit dieser Stillstandsbeschreibung an: „Seit Windisch auswandern will, sieht er überall im Dorf das Ende. Und die stehende Zeit für die, die bleiben wollen."

Bleiben wollen – das konnte Herta Müller nicht mehr. Dennoch wird die Ausreise für sie ein großer Schritt; wie schwierig er tatsächlich ist, bleibt sicht- und spürbar in ihren Auftritten. Wie bei ihrer Lesung, bei der sie schüchtern den Blickkontakt zu meiden sucht und auch ein wenig misstrauisch wirkt. Vielleicht ist sie es auch. Zumal kaum einer der Anwesenden eine halbwegs brauchbare Vorstellung von dem hat, was das ist, eine Rumäniendeutsche aus dem Banat. Man hört es allenfalls an der harten Aussprache, dass die, die da aus ihren wenigen, schmalen Büchern liest, aus einer Ferne, die noch Spurenelemente der deutschen Sprache bewahrt, ausgewandert ist. Vierzig Zuhörer sind damals zu einer ihrer ersten Lesungen in Deutschland gekommen, auch der ortsansässige Kulturdezernent, der eine pflichtschuldige Begrüßung spricht und dann in vorderster Reihe wenig später einschläft. Und Herta Müller – die damals Sechsundvierzigjährige – spricht und liest von den Mühsalen ihres Lebens. Wie es ist, Mitglied einer deutschen Minderheit im kommunistischen Rumänien zu sein. Ihre Mutter war nach Kriegsende in ein ukrainisches Arbeitslager deportiert worden; ihr Vater, im Weltkrieg Angehöriger der Waffen-SS, arbeitete als LKW-Fahrer. Sie habe deswegen aber keine Schuldgefühle, sagt sie. „Ich war damals noch nicht auf der Welt. Dennoch ist ein Vater Bestandteil der eigenen Biographie; das läßt sich nicht ändern. Man schaut seiner eigenen Zeit in die Augen, aber da ist überall auch ein Rückspiegel. Und in dem sitzt die Zeit der Eltern drin."

Herta Müller selbst wird erst mit 15 Jahren die rumänische Sprache lernen und versuchen, mit Worten dem Leben Sinn und ein wenig Unterhalt abzutrotzen. Also studiert sie Germanistik und Rumänistik, sie arbeitet als Übersetzerin in einer Fabrik (in der sie Maschinen beschreiben muss, die sie noch nie gesehen hat) und muss bald erfahren, was es heißt, sich zu weigern, als Spitzel mit dem Geheimdienst Securitate zusammenzuarbeiten. Sie wird verhört und eingeschüchtert; immer wieder wird ihre Wohnung durchstöbert. Der sozialistische Überwachungsstaat greift zu auf ihr Leben und auf ihre Würde, mal still und unheimlich, mal direkt und brachial. „Ich saß in der Falle täglicher Schikanen, bis ich dann aus der Fabrik entlassen wurde." Danach kamen nach ihren Worten „ständig Verhöre, und derselbe Geheimdienst, der mich aus der Fabrik geschmissen hatte, bezeichnete mich als parasitäres Element".

All die Beschreibungen des schicksalsreichen Lebenswegs umreißen die Vorgeschichte der Autorin Herta Müller. Aber ohne diesen „Prolog" wäre ihr Werk nicht erfahrbar und denkbar. Weil diese Vorgeschichte bereits Teil ihrer Literatur gewesen ist und das Material liefert für ihre Reflexionen über das Schreiben. Ohne ihre Lebensgeschichte fehlte den Arbeiten der Schreibimpuls, doch wäre die Lektüre zu klein und zu schmalspurig, würde man ihre fiktionalen Prosaarbeiten und ihre Lyrik aufs Autobiografische reduzieren. Denn die individuelle Not weitet sie zu einer allgemeinen existenziellen Bedrängnis. Dadurch wird nichts unscharf; aber die Erfahrungen werden auch für Menschen außerhalb des Banats verständlich und konkret. Eine strikt autobiografische Lesart wäre zudem der Versuch, das geschilderte Unrecht auf die Lebensgeschichte der Autorin zu beschränken und damit letztlich „kontrollieren zu wollen", so der Literaturwissenschaftler Philipp Müller. Dabei eröffnet gerade die Literatur die Möglichkeit, aus der großen Geschichte den einzelnen Menschen herauszuheben. Sie erlangt ihre Wahrheit durch Erfindung und imaginiert sie durch Sprache.

Herta Müller hat nach eigener Auskunft mit den Prosastücken ihres Erstlings *Niederungen* versucht, sich ihrer selbst zu vergewissern. Und dafür musste sie ihr bisheriges Leben durchkämmen – die Kindheit im kleinen Dorf, die SS-Vergangenheit des Vaters, die Verstrickung der deutschen Minderheit in die Verbrechen der Nazis sowie die anschließende Willkür der rumänischen Diktatur, in der sie nun leben musste. Am Anfang ihres Schreibens steht das Bemühen einer Ich-Findung. Aus ihr wird eine Autorin hervorgehen, die weltweit Beachtung findet und die 2009 mit dem Literaturnobelpreis geehrt wird.

Für Herta Müller ist die Literatur ein geeignetes Mittel des Auf- und Widerstands. In diesem Spannungsverhältnis steht ihr Werk bis heute. Wobei ihre Reden, Interviews und Essays ihr literarisches Schreiben begleiten, kommentieren, überprüfen. Zu den eindringlichsten Dokumenten zählt der Essay *Cristina und ihre Attrappe oder Was (nicht) in den Akten der Securitate steht*. Diese Schrift wird zur Beschreibung einer furchterregenden Unterdrückung – in Form einer Rekonstruktion, mit der das erzählt wird, was aus der Chronik des überwachten Lebens eliminiert und aus den neunhundertvierzehn Seiten ihrer Akte gestrichen und vernichtet wurde: die Geschichten von den Erniedrigungen am Arbeitsplatz, wo man ihr den Schreibtisch entzog, sie wochenlang auf einer Betontreppe hockte und ihre Arbeit trotzig verrichtete; vom sogenannten Abfischen von der Straße, bei dem sie in Hinterhöfe gedrängt und verhört, bedrängt und bedroht wurde; von den Verfolgungen auf Schritt und Tritt und den fast täglichen Einbrüchen in ihre Wohnung. Immer wenn sie heimkehrte, war etwas verändert worden. Einem Fuchsfell, das auf dem Boden lag, wurde erst der Schwanz, dann ein Fuß, am Ende der Kopf abgetrennt. Alles unheimliche Zeichen, die den Absendervermerk der Securitate trugen und die eins mit Nachdruck verkünden sollten: Sieh her, nicht einmal hier bist du vor uns sicher. Der Alptraum der Verhöre wird in einem späteren Roman eine zentrale Rolle spielen: „Ich bin bestellt. Donnerstag Punkt zehn" – so beginnt Müllers *Heute wär ich mir lieber nicht begegnet* von 1997.

Manchmal ist der Trost in einem entfremdeten, unterdrückten Leben aber auch ganz klein und wird später erst groß. Kurz vor der Verleihung des Literaturnobelpreises erzählte Herta Müller von der immer wieder barsch vorgebrachten, aber doch liebevoll gemeinten Frage ihrer Mutter vor dem Schulweg: „Hast du ein Taschentuch?" Das Taschentuch als Trost- und Haltepunkt wird zum Sinnbild ihres eigenen Widerstands auch gegen spätere Anwerbungsversuche des rumänischen Geheimdienstes.

Der erste Prosaband, den Herta Müller nach ihrer Übersiedlung in Westberlin schreibt, trägt den sprechenden, fast programmatischen Titel *Reisende auf einem Bein* (1989). Darin wird die Grenzerfahrung desjenigen beschrieben, der noch nicht ganz abgereist und noch nicht ganz angekommen ist. Die alte Heimat ist stets fremd geblieben, die neue Heimat ist noch das andere Land. Diesen Konflikt verlagert die Autorin in die Hauptfigur Irene und lässt sie erklären: „In dem anderen Land habe ich verstanden, was die Menschen so kaputtmacht. Die Gründe lagen auf der Hand. Es hat sehr weh getan, täglich die Gründe zu sehn … Und hier, sagte Irene. Ich kann sie nicht sehn. Es tut weh, täglich die Gründe nicht zu sehn."

Geschützt ist Herta Müller aber selbst Mitte der Achtzigerjahre in Westdeutschland nicht. Als ein Securitate-Agent in Königswinter verhaftet wird – mit dem Verdacht, er sei mit Mordaufträgen unterwegs –, findet man bei ihm ein Notizbuch; darin der Name von Herta Müller sowie ihre Anschrift. Danach gibt der westdeutsche Bundesnachrichtendienst ihr die dringenden Ratschläge, niemals im Parterre zu wohnen, keine Zigarettenpackungen auf Tischen liegen zu lassen, auf Reisen keine Geschenke anzunehmen und eine Schreckschusspistole zu kaufen. Da verliert der Westen plötzlich etwas von seiner Sicherheit und für Herta Müller auch etwas von seiner Glaubwürdigkeit. Sie bezeichnet die Banater Landsmannschaften hierzulande als einen verlängerten Arm der Securitate. Das sei nach ihrer Wahrnehmung eine Minderheit, die sich zwar in ihrer Idylle aus Blasmusik, Trachtenfesten, schmucken Bauernhäusern und geschnitzten Holztoren prächtig eingerichtet habe, deren Personal aber mit der rumänischen Diktatur eng verstrickt sei, die ihre Lesungen selbst in Deutschland massiv störe und die weiterhin vom Deutschen Bundestag finanziell unterstützt werde.

Doch Herta Müller richtet sich ein im Westen und in ihrer Literatur. Heimat bleibt eine große Aufgabe der Zukunft, die ohne die Rückschau zwar nicht gemeistert werden kann, die ein Ankommen aber schwer, wenn nicht gar unmöglich macht. „Wir sind mit dem Kopf von zu Hause weggegangen, aber mit den Füßen stehen wir in einem anderen Dorf. In einer Diktatur kann es keine Städte geben, weil alles klein ist, wenn es bewacht wird", heißt es in *Herztier* von 1994. Das ist bereits ihr zweiter Roman nach *Der Fuchs war damals schon der Jäger*, der zwei Jahre zuvor erschienen war und ganz unter den Eindrücken der Endphase und des Sturzes des rumänischen Diktators Nicolae Ceaușescu 1989 stand. Nach etlichen Erzählungen und Prosaminiaturen nun also die literarische Großform, die ihr sogleich eine größere Aufmerksamkeit beschert. Der unvergleichliche Erzählton der Ausweglosigkeit wird gerühmt, auch attestiert man ihr – durch die erlittene Erfahrung – eine der glaubwürdigsten deutschsprachigen Schriftstellerinnen der Gegenwart zu sein. Zugleich werden Bedenken laut, in der Nahaufnahme der Diktatur und des totalitären Staates die Not und das Grauen nur noch als Fragment zu vermitteln.

Ihr Thema ändert sich wenig, ihr Umgang damit aber wird differenzierter und auch reflektierter – etwa in ihren Paderborner Poetik-Vorträgen 1989/90. Unter dem Titel „Wie Wahrnehmung sich erfindet" beschreibt sie, wie die Angst zur Triebfeder ihres Schreibens wurde und geblieben ist und der Zwang zur Täuschung – als Überlebensstrategie in der Diktatur – auch die Flucht in eine neue Wahrnehmung von Wirklichkeit förderte. Der Schritt von der sogenannten wirklichen Wahrnehmung zur „erfundenen Wahrnehmung" markiert den Übergang zur Besonderheit: Die erfundene Wahrnehmung ist der Blick der Dichtung. Bei ihr geht es weniger um Realität; sie zielt auf Wahrhaftigkeit. Mit diesem Schreiben wird zugleich die Absage an jegliche Vorstellung einer schönen oder erhebenden Dichtkunst dokumentiert, die möglicherweise das Leben leichter machen könnte. In einem Interview mit den *Monatsheften* 1997 beschreibt Herta Müller Poesie als „nichts Angenehmes. Poesie ist nicht etwas, was gut tut. Je bedrohlicher und abgründiger etwas ist, umso stärker kommt es hervor."

An Anerkennung ihrer Arbeit mangelt es nicht; praktisch in Jahresabständen werden Herta Müller fast alle bedeutenden deutschsprachigen Literaturpreise verliehen. Und in ebenfalls überschaubaren Abständen erscheinen nun ihre Werke – Erzählungen und Romane, immer wieder Essays und Lyrikbände. Der Nobelpreis für Literatur im Jahr 2009 wird ihr zum einen für den „großen Mut" verliehen, kompromisslosen Widerstand gegen „provinzielle Unterdrückung und politischen Terror" geleistet zu haben, wie es Jury-Mitglied Anders Olsson in seiner Laudatio sagt. Und: „In ihrer Prosa findet sich eine sprachliche Energie, die uns von Beginn an mit einbezieht. Es steht etwas auf dem Spiel, bei dem es um Leben und Tod geht. Wir spüren das schon an der Temperatur, dem kurzen Atmen, dem markanten Detail, an allem, das angedeutet wird, aber ungesagt bleiben muss. Diese Energie kommt aus der Weigerung, das zu akzeptieren, was ist. Herta Müller wählt den Widerstand als Methode." Zum anderen aber wird zur Begründung des Nobelpreises ein Buch aus dem bis dahin schon opulenten Gesamtwerk herausgehoben: der im gleichen Jahr erschienene Roman *Atemschaukel* – eine weitere Chronik eines Lebens im Rumänien der Nachkriegszeit. Mit unendlichem Einfühlungsvermögen und unsentimentalem Blick setze sie ihr Gegen-Exil in dem großen Roman fort, betonte Olsson.

Die *Atemschaukel* nimmt aus unterschiedlichen Gründen eine Sonderstellung ein, denn im Grunde werden darin zwei

Geschichten erzählt: Die eine steht im Buch und handelt von einem siebzehnjährigen Rumäniendeutschen, der am Ende des Zweiten Weltkriegs fünf Jahre lang in einem russischen Lager schuften muss. Die andere Geschichte handelt von einer tiefen Freundschaft zweier Autoren, die zueinanderfanden bei ihren Recherchen über das Schicksal der Rumäniendeutschen. Herta Müller und der Lyriker Oskar Pastior besuchten 2004 die ehemaligen Arbeitslager in Russland. Aber als sie sich abschätzig über die Tannen am Wegesrand äußerte, entgegnete er harsch, dass er sich damals als Deportierter aus einem Wollhandschuh eine Tanne gefrickelt hatte – zu Weihnachten, zum Trost. Pastior und Müller haben sich damals nicht verkracht, sondern den Entschluss gefasst, vierhändig ein Buch zu schreiben über die Deportation, die Pastior aus eigenem Erleben kannte, Herta Müller zumindest in Ansätzen aus den kargen Berichten ihrer Mutter. Dieses Buch musste ein Projekt bleiben: 2006 starb Pastior, dem im gleichen Jahr postum der Büchner-Preis zuerkannt wurde. Herta Müller verstummte nicht, schrieb ein eigenes, ein neues Buch, das ohne Pastior nicht denkbar gewesen wäre. Sie hat viel erzählt vom bizarren Glück ihres väterlichen Freundes, das Lager von einst zu besuchen und in dieser Wiederbegegnung die Gewissheit zu erfahren, dass er es überlebt hat. Aber auch von der ungeheuren Produktivität Pastiors als Lyriker: Sein Arbeitszwang, so Müller, sei die Umkehrung seiner Zwangsarbeit. Mit Pastiors Tod ist die Geschichte dieser Freundschaft nicht auserzählt; weil der Dichter nicht nur zu den Verfolgten zählte, sondern auch zu jenen, die in das System verstrickt waren. Erst nach seinem Tod wurden Berichte öffentlich, die er im Auftrag und wohl unter Druck der rumänischen Geheimpolizei seit 1961 verfasst hatte. Herta Müller hat nachgeforscht und vier Berichte gefunden – alle seien „total harmlos" gewesen, sagte sie. Eine Denunziation findet sich in seinen Berichten nicht. „Ich bin sehr glücklich, dass ich mich von Oskar in meinem Kopf nicht verabschieden muss."

Ein verfolgtes, täglich bedrohtes Opfer war zum Täter geworden, wohl auch aus Selbstschutz. Diese tragische Lebensgeschichte ist auch eine Geschichte des 20. Jahrhunderts, das einigen Menschen wenige Chancen ließ, schuldlos zu bleiben. In ihrer Nobelpreisrede sucht Herta Müller darum nach einem Satz für jene, denen die Diktatur die Würde genommen hatte. Zumindest diese Freundschaft konnte der Geheimdienst nicht zerstören. „An Oskar Pastior denke ich jeden Tag – mit und ohne *Atemschaukel*. Denn er fehlt mir als Freund", so Müller.

Herta Müller bleibt ihrem Lebensthema treu. Was sich indes ändert und entwickelt, sind Sprache und Form, ist der Umgang mit Wörtern. Der kann mitunter haptisch werden, wie ihre zunächst kurios anmutenden collagierten Texte und Gedichte, die sie erstmals 1991 öffentlich präsentierte. Literatur wird aus Zeitungsschnipseln gestaltet, zusammengeklebt, neu strukturiert. Dichtung als Patchwork, zum Teil übermütig, oft eigenartig, manchmal heiter. Das Zerschneiden ist ein zwar martialischer, aber vergnüglicher und auch für den Leser inspirierender Akt. Auch darum ist es nicht einmal ein halbes Vergnügen, diese Collagen ohne das kunterbunte Schriftbild und die häufig eingearbeiteten skurrilen Motive nur als reinen Text zu lesen. Erste Eindrücke, solche Arbeiten würden anknüpfen an das „Genre" von Erpresserbriefen, laufen ins Leere. Es geht dabei nie um Anonymität, sondern um die spielerische Form, eine vielleicht brüchige Welt darzustellen, und den Versuch, Traumata in Einzelheiten zu zerlegen. Letztlich bleiben auch die Collagen der Versuch, eine Sprache zu finden für das Erlebte und das Erlittene – und auch, so Müller, für das Schweigen: „Bücher über schlimme Zeiten werden oft als Zeugnisse gelesen. Auch in meinen Büchern geht es notgedrungen um schlimme Zeiten, um das amputierte Leben in der Diktatur, um den nach außen geduckten, nach innen selbstherrlichen Alltag einer deutschen Minderheit und um deren späteres Verschwinden durch die Auswanderung nach Deutschland. Für viele sind meine Bücher somit Zeugnisse. Ich aber empfinde mich im Schreiben nicht als Zeugin. Ich habe das Schreiben gelernt vom Schweigen und Verschweigen. Damit begann es."

Literatur:

Niederungen. Berlin: Rotbuch 1984.
Reisende auf einem Bein. Berlin: Rotbuch 1989.
Herztier. Hamburg: Rowohlt 1995.
Heute wär ich mir lieber nicht begegnet. Hamburg: Rowohlt 1997.
Atemschaukel. München: Hanser 2009.
Vater telefoniert mit den Fliegen. München: Hanser 2012.

Sekundärliteratur:

Jens Christian Deeg, Martina Wernli: Herta Müller und das Glitzern im Satz. Eine Annäherung an Gegenwartsliteratur. Würzburg: Königshausen und Neumann 2016.
Heinz Ludwig Arnold: Herta Müller. München: Text und Kritik 2002.

Nachwort

von Lothar Schröder

Literaturnobelpreisträger nach ihrer Sprache beziehungsweise sprachlichen Herkunft oder Heimat auszuwählen und zu betrachten, klingt ein wenig nach Fußballweltmeisterschaft. Als gelte es, in einer Art ewigen Bestenliste den Stand deutschsprachiger Literatur zu ermitteln. Seit dem Jahr 1902 hätten Autorinnen und Autoren deutscher Sprache 13 Mal „obsiegt". Dahinter stünde dann eine Mentalität, wie sie in jährlichen Guinness-Büchern zutage tritt. Eine solche Motivation ist uns fremd und ist aus vielen Gründen absurd.

Zunächst: Der Literaturnobelpreis – obgleich er Jahr für Jahr weltweite Aufmerksamkeit auf sich zieht – ist keine Krönung der besten Dichterin, des größten Erzählers. Wie sehr eine solch finale Honorierung dem Wesen des Literarischen widerspricht, zeigt sich schon daran, dass mit jeder Bekanntgabe des neuen Preisträgers in aller Regel eine Debatte darüber einsetzt, wie unsinnig die jüngste Nominierung ist, wie verdienstvoll, wie verfrüht oder auch verspätet.

Es gibt also – trotz aller Sorgfalt – keinen Maßstab. Weil die einzige und unbestrittene Jury immer nur die Leser sein können; kurzum: Wir sind die Kritiker und Juroren. Wie auch die Fürsprecher. Die Enttäuschten. Die Begeisterten. Von Buch zu Buch. Zu fast allen Trägern des Literaturnobelpreises fällt uns irgendetwas ein. Und nicht selten ist es etwas Kritisches, wenigstens Mäklerisches. Auch das gehört zum Ritual des Preises; und es ist nicht immer nur ein schlechtes Zeichen. Unser Reden, Preisen und Lamentieren ist oft auch der Beginn eines Gesprächs über Bücher – eines Diskurses über den Autor, über Literatur und ihre Zeit und über Literatur in ihrer Zeit.

Zum anderen: Das Augenmerk auf Schriftsteller ausschließlich deutscher Sprache zu richten steht auch unter dem Verdacht, noch im 20. und 21. Jahrhundert Belege herbeizuschaffen für ein Deutschland als sogenanntes Land der Dichter und Denker. Dieses Etikett aus dem fernen 19. Jahrhundert ist kaum mehr als die schöne Alliteration und in seiner wirklichkeitsfernen Pauschalisierung ebenso schwierig wie das vor dem Hintergrund der Shoah geborene Negativ-Diktum vom Land der Richter und Henker.

Und schließlich: Die auf Länder konzentrierte Sicht scheint dokumentieren zu wollen, dass Nationalliteraturen heute noch eine sinnvolle wie auch bedenkenswerte Kategorie sind. Auch die Definition nationaler Dichtung ist eine Erfindung des 19. Jahrhunderts, die von hybriden Vorstellungen einzelner Nationalkulturen genährt war und spätestens im 20. Jahrhundert ihren Sinn und ihre Plausibilisierung verloren hat.

Es klingt darum beinahe so, als würde am Schluss dieses Aufsatzbandes das Konzept des Buches hinterfragt werden. Das Nachwort will aber keineswegs kontraproduktiv sein. Die Problematisierung soll vielmehr unsere Perspektive ändern: weg von nationalkulturellen und literaturbetrieblichen Sichtweisen und hin zu einem sprachhistorischen Blick. Zumal deutsche Sprache nicht von der Nation abgeleitet wurde, sondern genau umgekehrt: Deutschland kann man beim Wort nehmen – also beim Deutschen. Die Sprache leitet sich nämlich nicht von einem Volks- oder Stammesnamen ab, sondern von der *theodisca lingua*, von jener Volkssprache, die sich unter der Regentschaft Karls des Großen herausbildete. Der wahrscheinlich älteste Beleg für die *theodisca lingua* findet sich im Bericht eines päpstlichen Nuntius von 786, wonach die Beschlüsse der Synode in England sowohl lateinisch als auch „theodisce" verlesen worden seien, damit jeder es verstehen konnte.

Seinem Ursprung nach ist Deutschland also das Land seiner Sprache. Die Muttersprache dient als Bindeglied, die Identität zu stiften vermag, zumindest aber das Zugehörigkeitsgefühl zu einer Sprachgemeinschaft. Als Proklamation einer solchen Gemeinschaft erscheint vor diesem Hintergrund die Gründung des Deutschen Reiches von 1871 kaum tauglich. Die enge Verbindung zwischen Sprache und Nation wird ablesbar an den Erfahrungen aus der Zeit des Nationalsozialismus. Mit dem sogenannten Dritten Reich sind – aus belegbaren Gründen – auch die Deutschen unter Verdacht geraten. Die Schriftsteller der frühen Nachkriegszeit haben dies beim Wort genommen, indem sie eine „Kahlschlagliteratur" anstrebten, die auch in der Sprache neu anfangen wollte. Eine Stunde null des Deutschen gewissermaßen, die in ihrer Radikalität zwar gut gemeint war und geboten zu sein schien, aber ihrem Anspruch – wie es spätere sprachwissenschaftliche Untersuchungen zeigten – nicht gerecht werden konnte. Nichts lässt sich einfach aus historischen Kontexten herauslösen. Es gibt keine Anfänge ohne eine Vorgeschichte. Ein Neubeginn, der sich selbst als Nullpunkt beschreibt und begreift, ignoriert seinen eigenen Anlass; er leugnet die Gründe für die eigene Notwendigkeit.

So gebrochen das Verhältnis der Deutschen zu ihrer Nation seit dem Zweiten Weltkrieg und dem Massenmord an den Juden ist und so sehr die Annahme von historischer Schuld und Verantwortung zur bundesrepublikanischen Staatsräson gehört, so gebrochen, bindungsarm oder zumindest skeptisch sind die meisten Autoren bis heute auch gegenüber ihrer eigenen Sprache. Weil jede Sorge um die deutsche Sprache, so der Berliner Romanist Jürgen Trabant, hierzulande politisch kompromittiert sei und von vornherein unter Nazi-Verdacht stehe.

Vielleicht gibt es für die deutsche Sprachgemeinschaft ein ganz anderes Manifest. Das könnten die zweiunddreißig Bände jenes von Jacob und Wilhelm Grimm begonnenen *Deutschen Wörterbuchs* sein, an dem insgesamt 123 Jahre lang geschrieben wurde, ehe es 1961 vollendet war. Das Grimm'sche Wörterbuch und ihre Urheber sind selbst zum Spiegel deutscher Zeitgeschichte geworden. So gehörten die beiden Grimms zu den berühmten „Göttinger Sieben", zu jenen Professoren, die 1837 gegen die Aufhebung der Verfassung durch den König protestierten. Und Jacob Grimm ließ politische Praxis folgen, indem er 1848 als Abgeordneter in die Paulskirche einzog. Als Deutschland nach dem Zweiten Weltkrieg geteilt wurde, teilte sich mit diesem Land auch die damalige Redaktion des Wörterbuchs: Ein Teil der Wissenschaftler arbeitete am gemeinsamen Projekt fortan in Ostberlin, ein anderer in Göttingen.

Damit sind wir – so scheint es – weit weg von den dreizehn deutschsprachigen Literaturnobelpreisträgern, denen wir uns in diesem Band in Einzelporträts gewidmet haben. Doch die Distanz ist geringer, als es den Anschein hat. Denn wenn Günter Grass, der Nobelpreisträger von 1999, den letzten Teil seiner Autobiografie den Brüdern Grimm widmet (freilich in literarisch großzügiger Anverwandlung) und sein Buch *Grimms Wörter* von 2010 auch als eine Liebeserklärung begreift, so werden Verbindungslinien von Nobelpreisträgern des 20. und 21. Jahrhunderts auch zu den Erkundern deutscher Sprache des 19. Jahrhunderts sichtbar. Anhand der deutschen Sprache durchstreift Grass die deutsche Geschichte, sammelt Wörter, um diese als Stichworte historischer Entwicklungen zu nutzen. Eine Art deutscher Zettelkasten ist sein Buch und zugleich das Porträt zweier Brüder, in deren Sprachliebe sich das Schicksal einer zerrissenen Nation zu spiegeln scheint. „Ich versuche den Schmutz wegzuwischen, habe Übung darin. Mich schmerzt und ekelt mein Land, dessen Sprache ich anhänglich liebe", verkündet der Ich-Erzähler in *Grimms Wörter*.

Es ist nicht nur Grass. Nahezu jeder deutschsprachige Literaturnobelpreisträger hat sich mit dem, was ihm für sein Dichten und Erzählen verfügbar ist, reflektierend und kritisch auseinandergesetzt. Bei Elias Canetti scheinen solche Fragen das gesamte Werk zu durchziehen und zu entzünden. In der Distanz zur geliebten Muttersprache spiegelt sich die Ferne zum oftmals unerwünschten Vaterland. Sprache ist Ausdruck, ist ein Mittel, sich die Welt zu erklären, kann ein Anker sein und Vertrauen schenken; eine Heimat aber im herkömmlichen, das heißt vor allem gesellschaftlichen Sinne ist sie nicht.

„Ich habe meine Muttersprache nie geliebt, weil sie die bessere ist, sondern die vertrauteste", schreibt Herta Müller in ihrer Rede an die Abiturienten des Jahrgangs 2001, die unter dem Titel *Heimat ist das, was gesprochen wird* erschienen ist. „Nach der Vernichtung der Juden im Nationalsozialismus mußte Paul Celan damit leben, daß seine deutsche Muttersprache die Sprache der Mörder seiner Mutter ist. Aber in dieser kalten Schneise stehend, hat Celan sie nicht abschütteln können." Und wenige Sätze später schreibt sie: „Viele deutsche Schriftsteller wiegen sich in dem Glauben, daß die Muttersprache, wenns darauf ankäme, alles andere ersetzen könnte. Obwohl es bei ihnen noch nie darauf angekommen ist, sagen sie: *Sprache ist Heimat*. Autoren, deren Heimat unwidersprochen parat steht, denen zu Hause nichts Lebensbedrohliches zustößt, irritieren mich mit dieser Behauptung. Wer als Deutscher *Sprache ist Heimat* sagt, steht in der Pflicht, sich mit denen in Beziehung zu setzen, die diesen Spruch geprägt haben. Und geprägt haben ihn die Emigranten, die Hitlers Mördern durch Flucht entkommen waren." Damit wird Sprache zu einer Aufgabe und Heimat zu einem Begriff, den es immer wieder zu rechtfertigen gilt.

Fast ein Viertel der deutschsprachigen Literaturnobelpreisträger ist einer Exilexistenz ausgesetzt und gewinnt auch durch diese Notlage einen neuen Blick auf die deutsche Sprache. Manche beginnen an ihr zu verzweifeln; doch loslassen kann sie keiner. Stattdessen werden sie zeitweilig sprachlos. Nelly Sachs verstummt in der Zeit nach 1933, in der „die Worte im Munde [zu] zerspringen" scheinen – Worte von Auslese und Gas. Dennoch bleibt Nelly Sachs eine deutsche Dichterin, die im englischen Exil zwar ohne ein mögliches Publikum, das heißt ohne Leserschaft ist; dafür fühlt sie sich auch nicht länger umgeben von ihrer Muttersprache, die verhunzt wird und verstümmelt. Die Dichterin kreidet dies aber nicht der Sprache an. Es gibt in ihrem Sinne keine zerstörten Wörter. Es gilt, die Wörter wiederherzustellen.

Die Geschichte der deutschsprachigen Literaturnobelpreisträger ist auch eine kritische Geschichte der deutschen Sprache und eine Leidensgeschichte deutscher Vergangenheit. Sprache ist nicht nur ein Medium und nicht nur ein Werkzeug, sondern eben auch eine Reibungsfläche, an der sich Überlegungen zur eigenen Herkunft entzünden; und manchmal ist sie auch eine Wand, gegen die man anstürmt, immer und immer wieder. Zwischen Vaterland und Muttersprache klafft nicht selten ein Abgrund.

Mit den hier vorliegenden dreizehn Einzelporträts wird aus dreizehn verschiedenen Perspektiven ein Blick auf die deutsche Sprache, deutsche Geschichte geworfen. Dreizehn Positionen, die wie in einem Kaleidoskop die Vielfalt von Welterfahrung spiegeln und doch kein ganzes Bild ergeben können. Das haben die Autoren dieses Bandes weder als Verlust noch als Leerstelle verstanden, sondern als Gewinn. Geschichte ist nie homogen. Und sie kommt nie zum Abschluss. Wir haben eine Vergangenheit, aber wir geben uns eine Geschichte. Die hier vorliegende ist eine der Literaturnobelpreisträger deutscher Sprache.

Bildnachweis:
Kirsten Adamek: S. 176 u.;
picture alliance: S. 86, S. 100;
picture-alliance/akg-images: S. 14, S. 30, S. 40, S. 110;
picture-alliance/dpa: S. 50, S. 62, S. 74, S. 134, S.146;
picture-alliance/IMAGNO/Nachlass Otto Breicha: S. 122;
picture alliance/Ulrich Baumgarten: S. 158.

> Dr. Lothar Schröder
leitet das Feuilleton der *Rheinischen Post*.
Zu seinen bisherigen Veröffentlichungen
gehören Arbeiten zu den Schriftstellern
Dieter Forte und Albert Vigoleis Thelen
sowie zur Berliner Republik.

> Dr. Enno Stahl,
wissenschaftlicher Mitarbeiter
des Heinrich-Heine-Instituts
Düsseldorf, hat neben literatur-
wissenschaftlichen Büchern und
Aufsätzen mehrere Romane und
Prosabände veröffentlicht.